INFLATION

Des mêmes auteurs

Éric Berr

L'Intégrisme économique
Les Liens qui libèrent, 2017

Macroéconomie
Dunod, 2023

Éric Berr, Sylvain Billot, Jonathan Marie

INFLATION

Qui perd ? Qui gagne ?
Pourquoi ? Que faire ?

Éditions du Seuil
*57, rue Gaston-Tessier, Paris XIX*e

OUVRAGE PUBLIÉ SOUS LA DIRECTION ÉDITORIALE
DE JACQUES GÉNÉREUX

ISBN 978-2-02-156356-6

www.seuil.com

Introduction*

Après quatre décennies de stabilité des prix, l'inflation a fait son retour en 2021, dévoilant la dépendance extrême de nos économies à l'instabilité globale dans un contexte d'incertitude, tant sanitaire que géopolitique ou écologique. Pourtant, nombre d'économistes pensaient, tel Alain Minc en 2019, que « l'inflation [avait] tout bonnement disparu[1] ». Aveuglés par leur idéologie, ils n'ont pas pris la mesure des fragilités de notre système économique. Afin de répondre à cette situation, la banque centrale des États-Unis (la Federal Reserve ou Fed) a réagi la première en engageant, depuis mars 2022, une politique de hausse de ses taux d'intérêt directeurs, rapidement suivie par la Banque centrale européenne (BCE) qui a augmenté les siens à partir de juillet 2022[2]. Cette réponse habituelle des banques centrales repose sur l'idée que la hausse des prix est une question « technique » qui se traite en régulant la quantité de monnaie dans l'économie par l'intermédiaire

* Les auteurs tiennent à remercier très chaleureusement Jacques Généreux pour son suivi précieux et ses conseils avisés. Ils sont toutefois les seuls responsables des éventuelles erreurs et insuffisances du produit final.

1. Voir Daniel Fortin et Marie Bellan, « Alain Minc : “Il faut sauver le capitalisme de ses mauvais démons” », *Les Échos*, 13 septembre 2019.

2. La Fed a augmenté onze fois son taux d'intérêt directeur entre mars 2022 et juillet 2023, le portant de 0,25 % à 5,5 %. La BCE a, quant à elle, augmenté dix fois son taux d'intérêt directeur entre juillet 2022 et septembre 2023, le portant de 0 % à 4,5 %.

d'une action sur le « prix » de la monnaie, c'est-à-dire le taux d'intérêt. Le raisonnement des banquiers centraux est le suivant : une politique monétaire plus restrictive renforce la crédibilité de la Banque centrale, car elle montre sa volonté de s'attaquer à l'inflation et cherche par là à « ancrer » les anticipations d'inflation sur une base plus basse, afin, espère-t-on, d'obtenir la baisse de l'inflation.

Dans le contexte actuel, cette politique est tout à fait inadaptée car l'inflation, comme nous allons le voir tout au long de cet ouvrage, n'est pas provoquée par une création monétaire excessive. Elle est foncièrement le produit d'un rapport social, c'est-à-dire d'un conflit dans le partage de la valeur ajoutée (la richesse créée dans l'économie). Certains secteurs industriels ont profité de la hausse des prix des matières premières, enclenchée avant la guerre en Ukraine, pour augmenter leurs prix de vente de manière tout à fait excessive, tirant parti d'un rapport de force qui leur était favorable. C'est notamment le cas de l'industrie agroalimentaire. Entre février 2022 et février 2024, la hausse du prix des produits alimentaires a été d'environ 20 %, entraînant une baisse de la consommation alimentaire de 4,7 % en 2023, qui fait suite à une diminution de 3,6 % en 2022. Face à cette situation, Bruno Le Maire, le ministre de l'Économie, des Finances et de la Souveraineté, s'est contenté, en vain, de demander aux industriels de l'agroalimentaire d'accélérer les négociations pour faire baisser les prix, sous peine de rendre publique la liste de ceux qui ne jouent pas le jeu, et d'agiter une vague menace de taxation. De son côté, la grande distribution a dû mettre en place un panier anti-inflation, qu'elle est toutefois libre d'organiser comme elle le souhaite et qui s'est révélé être un échec[3]. Nous pourrions multiplier les exemples.

3. *UFC-Que Choisir*, « Les prix ont-ils vraiment baissé avec les paniers anti-inflation ? », 15 mai 2023. https://www.quechoisir.org/actualite-pouvoir-d-achat-

L'impact de la hausse des prix sur l'économie nous conduit à fournir une analyse détaillée de ce phénomène. Après avoir défini ce qu'est l'inflation et comment elle est mesurée (chapitre 1), nous verrons qu'elle fait des gagnants (et même des profiteurs) et des perdants (chapitre 2). Nous aborderons ensuite ses causes et montrerons que, contrairement à ce qu'enseigne l'approche dominante en économie (chapitre 3), l'inflation est fondamentalement une bataille politique (chapitre 4). Preuve en est que les gouvernements n'hésitent pas à agiter le chiffon rouge de l'inflation afin de justifier des politiques économiques austéritaires (chapitre 5). Pourtant, l'inflation n'est pas obligatoirement un mal en soi et d'autres voies d'action sont possibles, qui permettent de modifier le rapport de force existant (chapitre 6).

---

les-prix-ont-ils-vraiment-baisse-avec-les-paniers-anti-inflation-n107670/. Voir aussi Sylvain Billot, Aurélie Trouvé et Alex Trefleu, « Inflation alimentaire : une crise causée par les multinationales », *Note de l'Institut La Boétie*, 2023.

CHAPITRE 1

De quoi l'inflation est-elle le nom ?

DÉFINIR ET MESURER

Avant d'en étudier les causes et les conséquences, il convient de définir l'inflation et de bien caractériser les différentes dynamiques d'évolution des prix (hyperinflation, désinflation, déflation, etc.). Nous verrons ensuite que la question de sa mesure a suscité de nombreux débats, montrant à quel point le choix d'un indice des prix est aussi une affaire politique.

Définir l'inflation

Selon le dictionnaire Larousse, l'inflation est une « situation ou phénomène caractérisé par une hausse généralisée et continue des prix ». Elle désigne donc l'augmentation des prix sur une période. On la mesure généralement en glissement annuel (soit sur les douze derniers mois).

Le terme inflation doit être précisé afin d'indiquer quels sont les prix mesurés et analysés. On peut ainsi parler d'inflation des actifs financiers (hausse des prix des titres financiers, tels que actions, obligations, etc.), d'inflation des prix des produits de première nécessité (hausse des prix des biens et services indispensables pour vivre, comme l'alimentation de base, les produits d'hygiène, le logement, l'habillement, etc.), ou encore d'inflation sur le marché immobilier (évolution du prix des logements).

Cependant, quand on parle d'inflation, on fait le plus souvent référence à l'évolution des prix à la consommation. Celle-ci permet d'appréhender la perte de pouvoir d'achat d'une quantité de monnaie, en termes de biens et de services consommés. Lorsque les revenus monétaires nominaux[4] d'un ménage stagnent tandis que les prix à la consommation augmentent, ce ménage voit son pouvoir d'achat réduit. C'est pourquoi l'on considère instinctivement l'inflation comme un phénomène négatif.

Pourtant, l'inflation des prix à la consommation n'induit une perte de pouvoir d'achat que si les revenus perçus augmentent moins vite que les prix. Or, comme nous le verrons par la suite, et c'est un point fondamental de l'analyse proposée dans ce livre, l'inflation suppose que certains revenus réels progressent : elle fait des gagnants. L'inflation a donc un impact différencié selon les catégories d'agents économiques et selon le contexte.

L'Insee définit l'inflation comme une « augmentation générale et durable » des prix, sans toutefois apporter plus de précisions. Les économistes s'accordent toutefois sur le fait qu'une dynamique inflationniste suppose d'observer une hausse des prix sur plusieurs mois consécutifs, ce qui ne dit rien du niveau, fort ou faible, de l'inflation. Or, l'inflation peut prendre des valeurs très différentes selon les périodes ou selon les économies. Ainsi, en décembre 2023, le taux d'inflation annuel pour la zone euro, estimé par l'indice des prix à la consommation harmonisé (IPCH)[5] d'Eurostat, s'est établi

4. Le revenu nominal correspond au revenu effectivement perçu par un ménage. Il ne doit pas être confondu avec le revenu réel qui représente ce que le revenu nominal permet d'acheter, soit le pouvoir d'achat. Le revenu réel correspond donc au revenu nominal déflaté, c'est-à-dire divisé par l'indice des prix à la consommation.

5. La définition de l'IPCH est fournie plus loin dans ce chapitre.

à 2,9 %. Il était de 0,5 % en Belgique, de 4,1 % en France ou encore de 6,2 % en Pologne. Ces taux sont sans commune mesure avec l'inflation estimée à plus de 200 % pour l'Argentine en 2023.

Les niveaux d'inflation peuvent être très différents selon les pays ou les périodes. Mais quand peut-on considérer que les prix sont « stables » ? À partir de quel niveau l'inflation peut-elle être considérée comme forte ? En fait, il n'y a pas de réponse évidente à ces questions. Il est bien sûr préférable d'avoir une inflation stable et contrôlée, ce qui réduit l'incertitude économique, plutôt qu'une inflation forte et difficilement contrôlable. Mais, comme nous le verrons par la suite[6], une période d'inflation faible n'est pas nécessairement une période de plein-emploi ou de financement assuré des besoins de l'ensemble de la population. C'est même très souvent l'inverse : l'inflation faible va souvent de pair avec un chômage élevé. L'inflation en tant que telle n'est donc pas un indicateur immédiat de bonne ou de mauvaise santé de l'économie. Pour en juger, il importe d'étudier ses causes comme ses conséquences.

Inflation et hyperinflation : au-delà de la différence de niveau

L'hyperinflation désigne une situation de très forte inflation. En 1956, l'économiste Philip Cagan la définit comme un taux d'inflation mensuel supérieur à 50 %, soit une inflation annuelle de plus de 12 000 %. Nous proposons d'aller au-delà du seul critère quantitatif, car l'hyperinflation traduit une perte de confiance dans la monnaie nationale, les autorités

6. Voir chapitre 3.

politiques et les institutions monétaires, qui conduit les agents économiques à délaisser cette monnaie au profit d'une monnaie de substitution qui, le plus souvent, est une monnaie étrangère[7]. Les prix exprimés dans la monnaie nationale, dont plus personne ne veut, perdent ainsi toute cohérence, toute signification. Les crises hyperinflationnistes sont toujours des crises multidimensionnelles majeures (Allemagne au début des années 1920, Argentine en 1989, Zimbabwe en 2008, etc.).

Les périodes d'hyperinflation sont exceptionnelles, la littérature n'en repère pas plus d'une soixantaine dans l'histoire[8]. Elles ont en commun d'apparaître lorsque le système monétaire international est marqué par l'instabilité des taux de change et de se développer dans une économie dans laquelle l'indexation est généralisée : indexation des salaires, mais aussi parfois des tarifs de l'électricité ou des transports, des contrats financiers, des loyers, etc. L'indexation de ces contrats nécessite d'utiliser un indice de référence publié à une fréquence élevée, idéalement en continu, pour réviser leurs montants. Les indices de prix étant généralement publiés mensuellement, ils ne sont pas facilement utilisables dans de telles situations. Les économies dans lesquelles l'indexation se généralise tendent alors à utiliser le taux de change (le prix de la monnaie dans une devise de référence, habituellement le dollar des États-Unis) comme indice de référence, car il est publié en continu[9]. Le fait que l'indexation se fasse sur le taux de change plutôt que sur l'inflation montre bien que l'hyperinflation

7. Voir Jonathan Marie, « L'hyperinflation ou le rejet de la monnaie domestique », *Regards croisés sur l'économie*, n° 32, 2023, p. 210-219.

8. Voir Steve H. Hanke et Nicholas Krus, « World Hyperinflations », *in* Randall E. Parker et Robert Whaples (dir.), *Routledge Handbook of Major Events in Economic History*, New York, Routledge, 2013.

9. Voir Eduardo F. Bastian, Sébastien Charles et Jonathan Marie, « Inflation Regimes and Hyperinflation : a Post-Keynesian/Structuralist Typology », *Cambridge Journal of Economics*, prépublication en ligne, 24 mars 2024.

n'est pas seulement une hausse très élevée des prix domestiques, mais traduit également une perte de confiance dans la monnaie nationale.

Désinflation et déflation : des synonymes ?

Outre l'inflation, d'autres termes sont régulièrement utilisés pour désigner les dynamiques particulières d'évolution des prix. Ainsi, la désinflation désigne le ralentissement de la hausse des prix, donc la baisse de l'inflation. La déflation est, quant à elle, la baisse absolue du niveau général des prix. La désinflation peut être un objectif des banques centrales, quand l'inflation observée est supérieure à l'objectif fixé. Ainsi, la Banque centrale européenne s'est dotée d'un objectif de stabilité des prix, entendu comme un objectif de taux d'inflation de 2 % en moyenne dans la zone euro à moyen terme. Si l'inflation dépasse cette cible, la BCE relève les taux d'intérêt dans le but de freiner le crédit et de limiter la demande de biens et services, vue comme la source de la hausse des prix[10].

On pourrait croire que des situations déflationnistes sont favorables à l'économie, car alors, par définition, le pouvoir d'achat d'une même quantité de monnaie augmente. Pourtant, la déflation est très souvent causée par un recul de l'activité économique, donc par une baisse générale des revenus distribués dans l'économie. En effet, dans une telle situation, les entreprises se retrouvent en état de surproduction, car elles peinent à trouver des débouchés, ce qui les conduit à diminuer les prix et engendre la déflation. Contrairement à ce que l'on est tenté de penser, la baisse des prix est rarement une bonne nouvelle, la déflation est le symptôme de graves

10. Les enjeux de la politique monétaire seront développés dans le chapitre 3.

dysfonctionnements de l'économie, et même bien souvent d'un appauvrissement de la population qui la subit.

Au milieu des années 1930, la France a connu une période de déflation, durant la crise mondiale déclenchée par le krach de 1929. La crise a aussi été largement nourrie par les politiques d'austérité massive menées notamment par les gouvernements Doumergue (président du Conseil des ministres de février à novembre 1934) et Laval (de juin 1935 à janvier 1936), et marqués par un chômage de masse.

Les banques centrales sont aujourd'hui particulièrement vigilantes face au risque de déflation. Elles craignent la déflation parce que, au-delà de ses effets sur l'économie réelle, elle est susceptible d'avoir des effets délétères sur la sphère monétaire et financière. En effet, la déflation fragilise les acteurs économiques endettés : le montant des dettes préexistantes est inchangé alors que la baisse des prix réduit le revenu perçu pour chaque unité vendue, voire pour chaque heure travaillée si les salaires baissent également. Ainsi, des ménages ou des entreprises peuvent se retrouver surendettés et incapables de faire face à leurs obligations financières. Par conséquent, les prêteurs (bien souvent les banques elles-mêmes) ne recouvrent pas leurs créances et risquent à leur tour d'être insolvables. La déflation est donc susceptible de provoquer une crise bancaire et d'alimenter une crise financière, qui empêche le rebond de l'économie réelle ou, pire, qui entretient la récession parce que le financement bancaire n'est plus assuré. Ces dangers ont été mis en évidence dans les années 1930 par l'économiste américain Irving Fisher. Selon lui, c'est la coexistence du surendettement et de la déflation, ce qu'il appelle la *déflation par la dette*, qui est à l'origine des crises[11]. Son explication

11. Voir Irving Fisher, « The Debt-Deflation Theory of the Great Depressions », *Econometrica*, vol. 4, 1933, p. 337-357 ; trad. fr. « La théorie des grandes

est la suivante[12] : des innovations majeures et la perspective de profits élevés favorisent la croissance et instaurent un climat de confiance qui pousse les agents économiques à prendre plus de risques, donc à s'endetter. L'endettement croissant fragilise la situation financière de ces agents (en particulier celle des entreprises) et finit par se transformer en surendettement ; afin de remédier à cette fragilité financière et de retrouver une situation plus saine, les agents cherchent à se désendetter. La monnaie en circulation est alors utilisée pour rembourser les dettes plutôt que pour acquérir des biens et des services. Ce remboursement des dettes conduit à une baisse du niveau général des prix[13] : les entreprises ne trouvant plus de débouchés diminuent les prix pour tenter malgré tout d'écouler la production. La déflation provoque une aggravation du poids réel des dettes dans l'économie ; la chute des profits et les faillites qui s'ensuivent entraînent à nouveau une baisse de la production et une hausse du chômage. Cela renforce le pessimisme ambiant et la perte de confiance, et alimente le cercle vicieux commencé par le surendettement et entretenu par la déflation.

---

dépressions par la dette et la déflation », *Revue française d'économie*, 1988, vol. 3, n° 3, p. 159-182.

12. Le raisonnement de Fisher est important, en particulier car il dévoile la mise en place d'un cercle vicieux. Il a notamment influencé Hyman Minsky (1919-1996), qui a largement contribué à la compréhension des crises financières. Toutefois, l'analyse de la déflation par la dette de Fisher demeure largement influencée par la théorie quantitative de la monnaie (TQM). La fiche technique 3.1 ci-après montre le caractère erroné de la TQM pour comprendre l'inflation.

13. Fisher pense que l'inflation est due à une hausse trop importante de la quantité de monnaie en circulation dans l'économie. Comme le crédit est à l'origine de la création monétaire, la hausse de l'endettement est pour lui source d'inflation. À l'inverse, le désendettement entraîne une diminution de la quantité de monnaie en circulation, donc une baisse du niveau général des prix. Ce point sera développé au chapitre 3. Voir également la fiche technique 3.1 ci-après.

On le voit, la variation du niveau général des prix agit sur la valeur réelle des dettes et donc sur la répartition des richesses. Le coût réel de la dette est représenté par le taux d'intérêt réel, qui est égal à la différence entre le taux d'intérêt nominal (le taux du crédit demandé par la banque) et le taux d'inflation. En période d'inflation, le coût réel de la dette diminue pour un taux d'intérêt nominal donné. En période de déflation, c'est l'inverse : le coût réel de la dette augmente en raison d'un taux d'inflation négatif. La déflation engendre alors un transfert de revenu des débiteurs vers les créanciers. Les premiers ayant une propension à dépenser leurs revenus plus grande que les seconds, la déflation entraîne une contraction de la demande globale (l'ensemble des dépenses de consommation et d'investissement), ce qui provoque une récession d'autant plus importante que les agents économiques anticipent de nouvelles baisses des prix. Ainsi, la réduction des prix, loin de stimuler la demande, incite au contraire les acteurs économiques à différer leurs dépenses d'investissement ou de consommation, ce qui aggrave la dépression économique. Un taux d'intérêt réel élevé tend également à réduire le volume de crédit distribué, ce qui pèse sur l'investissement et accentue la contraction de la demande globale.

Face à une situation qui se détériore, les agents économiques adoptent un comportement raisonnable et cherchent à se désendetter au plus vite. Ce faisant, ils participent à l'aggravation de la crise. Le désendettement, combiné à l'augmentation du taux d'intérêt réel, pèse sur l'investissement et la consommation : la monnaie affectée au désendettement n'est plus disponible pour financer l'économie réelle. Au final, ce processus produit l'effet inverse de celui recherché : il alourdit la valeur réelle des dettes (car les prix baissent), provoque une récession (car l'activité économique se contracte) et nourrit des anticipations pessimistes accentuant le recul de la demande et la hausse du chômage. Dans un mouvement de panique caractéristique des crises financières, les créanciers vendent massivement leurs actifs financiers, accélérant ainsi l'effondrement des cours de ces derniers.

Sortir d'une telle spirale déflationniste se révèle donc très difficile. C'est pourquoi les banques centrales redoutent l'excès d'inflation, mais aussi la déflation[14].

Des innovations lexicales

De nombreuses innovations sémantiques ont vu le jour afin de caractériser certains épisodes inflationnistes.

Le terme *stagflation*[15], issu de la contraction et de la réunion des mots stagnation et inflation, apparaît dans les années 1970. Il désigne la concomitance d'inflation et d'une faible croissance (la stagnation) génératrice de chômage. Cela apparaissait surprenant qu'on observe conjointement une hausse des prix et une hausse du chômage (conséquence d'une croissance réduite), parce que, de 1950 à 1973, on avait presque toujours observé une relation inverse entre inflation et chômage. Cette période était plutôt caractérisée par une progression forte et durable de l'activité – donc par un faible niveau de chômage – due en particulier à des gains de productivité importants, et des revenus en hausse qui favorisaient la croissance de l'activité économique et alimentaient une inflation non négligeable mais maîtrisée, conformément

14. Voir chapitres 3 et 5.

15. Ce terme a été employé pour la première fois en 1965 par Iain Macleod, un homme politique britannique et futur chancelier de l'Échiquier, pour décrire la situation économique du Royaume-Uni. Voir Edward Nelson et Kalin Nikolov, « Monetary Policy and Stagflation in the UK », *The Bank of England's Working Paper*, 2002.

aux enseignements de la « courbe de Phillips[16] ». La *stagflation* remettait en cause la possibilité d'un arbitrage politique entre chômage et inflation (une inflation relativement élevée était le prix à payer pour avoir un faible niveau de chômage).

Dans les années 1980, les économistes qui, tel Janos Kornai[17], analysent les systèmes économiques des pays « socialistes » d'Europe de l'Est mettent en évidence que, en l'absence de toute régulation par les prix (car dans ces économies la plupart des prix étaient fixes et contrôlés par les autorités), les ajustements passaient bien souvent par les délais, parfois très longs, qu'il fallait consentir avant d'obtenir le bien recherché. Il fallait par exemple plus de dix ans pour obtenir une Trabant – la voiture produite en République démocratique allemande (RDA) – au début des années 1980. Cette situation a été qualifiée de *shortageflation*, qu'on pourrait traduire en français par « inflation de la pénurie ». Lorsqu'ils se sont convertis à l'économie de marché, ces pays ont enregistré des taux d'inflation élevés, provoqués par la libération des prix. Celui qui obtenait une voiture n'était plus un acheteur très patient, mais celui qui pouvait y mettre le prix.

L'inflation du début des années 2020 a elle aussi donné naissance à de nouveaux qualificatifs. Ainsi, le terme *greedflation*[18] désigne une inflation qui serait due à l'avidité d'entreprises qui augmenteraient leurs prix sans autre raison que celle d'augmenter leurs profits (le terme anglais *greed* désignant l'avidité ou la cupidité). La *greedflation* est donc causée par des entre-

16. La courbe (ou relation) de Phillips et ses implications seront détaillées au chapitre 3.

17. Voir Janos Kornai, *The Socialist System. The Political Economy of Communism*, Princeton, Princeton University Press, 1992, chapitre 12.

18. On parle également de *sellers' inflation*. Voir Isabella Weber et Evan Wasner, « Sellers' Inflation, Profits and Conflict : Why Can Large Firms Hike Prices in an Emergency? », University of Massachusetts Amherst, *Economics Department Working Paper Series*, 2023.

prises qui, ayant un « pouvoir de marché » important – celui de fixer le prix des biens ou services qu'elles vendent sans craindre une forte baisse des ventes –, décident d'accroître leurs marges, en augmentant les prix de manière plus importante que l'augmentation de leurs coûts. Un contexte inflationniste est susceptible de favoriser la *greedflation* : comme de nombreux prix augmentent par ailleurs, il devient plus facile pour les entreprises bénéficiant d'un « pouvoir de marché » de pratiquer des hausses de prix supérieures à la hausse de leurs coûts de production, le contexte inflationniste rendant moins visible leur stratégie[19].

Certaines entreprises ont été accusées de réduire la qualité ou la quantité d'un produit vendu, parfois à prix inchangé, parfois en augmentant simultanément le prix ! C'est ce que les Anglo-Saxons ont appelé la *shrinkflation* (*shrink* signifiant rétrécissement). Largement utilisée par les grandes marques de l'industrie agroalimentaire, cette stratégie avait suscité l'indignation du ministre de l'Économie, Bruno Le Maire, qui n'hésitait pas à affirmer : « C'est une arnaque, c'est scandaleux[20] ! », promettant une loi pour le mois d'octobre suivant, loi qui n'a pas vu le jour. En février 2024, l'ONG Food-Watch publiait un rapport épinglant les géants de l'industrie de l'agroalimentaire, coupables selon elle de *cheapflation* en France. Ce phénomène désigne une modification de la recette de nombreux produits, sans que le consommateur en soit clairement informé, qui se traduit par une baisse de la qualité (d'où le préfixe *cheap* qui signifie bon marché, mais aussi de piètre qualité en anglais) pour un même prix, ce qui, indirectement, réduit le pouvoir d'achat réel du consommateur.

19. C'est cette stratégie qui a notamment été adoptée par l'industrie agroalimentaire. Voir Sylvain Billot, Aurélie Trouvé et Axel Trefleu, « Inflation alimentaire : une crise causée par les multinationales », art. cité.

20. France Info, 7 septembre 2023.

Un bref historique de l'indice des prix à la consommation

L'indice des prix à la consommation (IPC), qui est aujourd'hui l'indice de référence en France, est le produit d'une longue histoire. En effet, les premiers indices des prix en France datent du début du XXe siècle. Il s'agit alors simplement de donner une indication quant à l'évolution du coût d'achat d'un panier de biens de consommation courante. Ainsi, en 1914, l'Office national de la statistique français retient un panier de 13 articles, qui passera par la suite à 34 articles. L'Insee, créé en 1946, va poursuivre le développement de l'indice des prix, ce qui donnera lieu à la production de huit générations d'indice des prix en France entre 1914 et 2016. Aujourd'hui, l'indice des prix est calculé à partir de 1 100 familles de produits dont les prix sont collectés auprès de 99 agglomérations de plus de 2 000 habitants, faisant que 97 % de la consommation sont couverts par l'IPC[21].

L'indice des prix va être au cœur de luttes politiques : quel budget type (ou budget familial)[22] doit servir de base au calcul de l'indice à partir duquel on mesure le coût de la vie (question qui donnera lieu à d'âpres débats entre syndicats et patronat) ? Comment intègre-t-on le coût du logement ? En France, l'indice des prix à la consommation inclut les loyers payés par les locataires ainsi que les prix des biens et des services d'entretien courant du logement, mais exclut les frais d'acquisition des logements et les intérêts à payer sur les prêts hypothécaires, ce qui tend à minorer le poids du poste

21. Voir Florence Jany-Catrice, *L'Indice des prix à la consommation*, Paris, La Découverte, « Repères », 2019.

22. Les budgets types correspondent aux sommes nécessaires pour acquérir un panier de biens et services consommé par une « famille type ».

logement dans les coefficients budgétaires[23] retenus pour le calcul de l'IPC.

Autre difficulté importante : comment intègre-t-on l'« effet qualité » ? Lorsque la « qualité » d'un produit s'améliore, une hausse de prix n'est pas automatiquement retranscrite dans l'IPC : elle se traduira par une hausse du volume de la consommation sans que les quantités consommées augmentent[24]. Les difficultés à quantifier l'amélioration (ou la dégradation) de la « qualité » constituent une fragilité de l'IPC, dont l'évolution peut s'éloigner des perceptions des ménages. Prenons l'exemple de deux téléphones présents simultanément sur le marché : leur différence de prix sera supposée exprimer une différence de « qualité ». Si le téléphone moins cher disparaît, et que la consommation se reporte intégralement sur le plus cher, alors l'IPC n'augmente pas, en dépit du fait que le coût d'achat est plus élevé pour les consommateurs. Cette hausse de la dépense est en effet comptée comme une augmentation du volume de consommation. L'IPC mesure donc l'évolution des prix à qualité constante. Ainsi, en raison d'une forte progression de la « qualité » des téléphones mobiles et des ordinateurs alors même que leur prix de vente est resté relativement stable, l'indice de prix de ces produits a fortement chuté depuis une vingtaine d'années.

Dès les années 1950, les gouvernements exercent des pressions directes sur l'Insee afin qu'il agisse sur les prix de produits entrant dans la composition de l'indice. En réaction à ce qui apparaît comme une manipulation politique, la CGT va

23. Un coefficient budgétaire est le rapport de la dépense consacrée à un bien ou à un service particulier (ou à une catégorie de biens ou services, par exemple l'alimentation, le logement, etc.) à la dépense totale.

24. Il ne faut donc pas assimiler « volumes » et « quantités ». La consommation en volume peut progresser en raison d'une hausse des quantités consommées ou d'une hausse de la qualité des produits consommés.

proposer son propre indice des prix à partir de 1972, jugeant que l'indice « officiel » minimise fortement la hausse du coût de la vie. L'indice de la CGT n'opère aucune décote liée à l'augmentation de la qualité[25] et confère un poids beaucoup plus important au poste « habitation » ; il est entre 2 et 4 points supérieur à l'indice calculé par l'Insee. Il va jouer un rôle social important jusqu'au début des années 1980, en justifiant les revendications salariales. Par la suite, le chômage de masse, l'aggravation des conditions de travail, la financiarisation croissante des économies et les conséquences des politiques néolibérales vont reléguer l'inflation au second plan. Dès lors, la CGT va cesser de publier son indice en 1998. L'IPC (re)devient le principal indice à partir duquel est mesurée l'inflation, même si, comme nous allons le voir, d'autres indices sont aujourd'hui utilisés.

Une diversité d'indices des prix à la consommation pour mesurer l'inflation

En raison de toutes les limites de l'IPC que nous venons d'évoquer, d'autres indices apparaissent plus pertinents pour mesurer l'inflation subie par les ménages : on pense en particulier à l'indice des prix à la consommation harmonisée

25. À l'inverse, des économistes considèrent que l'effet qualité est sous-estimé par l'Insee, et par voie de conséquence que l'inflation est surestimée (l'inflation serait plus basse si la qualité des nouveaux biens était prise en compte). Voir Philippe Aghion, Antonin Bergeaud, Timo Boppart, Peter Klenow et Huiyu Li, « Destruction créatrice et mesure de la croissance », *Document de travail de la Banque de France*, 2017, https://publications.banque-france.fr/destruction-creatrice-et-mesure-de-la-croissance. Cela a été critiqué à son tour par Michel Husson, « Monsieur Philippe Aghion bouleverse la croissance », *À l'encontre*, 2017, https://alencontre.org/economie/economie-debat-monsieur-philippe-aghion-bouleverse-la-croissance.html.

(IPCH) ou au déflateur de la consommation des comptes nationaux.

L'IPCH a été lancé en janvier 1996 afin de comparer les taux d'inflation entre pays européens. Eurostat, l'institut européen de statistiques, vérifie que chaque pays de l'Union européenne se conforme à sa méthodologie officielle. L'IPCH diffère de l'IPC essentiellement quant au périmètre de la consommation. En ce qui concerne la consommation de produits marchands (c'est-à-dire la consommation des biens et services produits afin d'être vendus sur un marché), l'IPCH prend en compte les dépenses restant à la charge des ménages après un éventuel remboursement par les administrations publiques. Ces dépenses sont donc estimées au « prix net ». *A contrario*, l'IPC retient l'intégralité du prix du produit concerné (« prix brut »). C'est dans le domaine de la santé que porte la principale différence. L'IPC, par exemple, mesure l'évolution du prix de la consultation d'un médecin libéral alors que l'IPCH mesure l'évolution de ce qui est payé *in fine* par les ménages. De plus, l'IPC ne couvre que les produits marchands alors que l'IPCH prend en compte la partie des services non marchands payée par les ménages. Ces services non marchands sont les services fournis par les administrations publiques, mais aussi par les associations ou les fondations. Ils couvrent notamment les secteurs de la santé, de l'action sociale ou de l'éducation. Par définition, ces services n'ont pas de prix de marché, ils peuvent cependant nécessiter des dépenses de la part des ménages. Par exemple, l'IPCH intègre un poste « éducation élémentaire » correspondant aux frais d'inscription à l'école privée.

Sur une longue période, l'IPCH a augmenté en France un peu plus vite que l'IPC : entre janvier 1996 et janvier 2021, l'IPCH a progressé de 43,1 % contre 38,4 % pour l'IPC (soit un différentiel moyen de 0,14 % par an). Au début des années

2020, l'écart est plus marqué : l'IPCH a grimpé de 14,3 % entre janvier 2021 et janvier 2024 contre 12,4 % pour l'IPC (soit un différentiel moyen de 0,6 % par an). Plusieurs raisons expliquent ce différentiel : d'une part, le poids des produits dont le prix a fortement augmenté (comme l'énergie et les biens alimentaires) est plus important dans l'IPCH puisqu'il n'inclut pas la partie du prix des produits qui est prise en charge par les administrations publiques (comme les remboursements de médicaments ou la prise en charge des consultations médicales par la Sécurité sociale). D'autre part, le prix total des services de santé (correspondant au périmètre de l'IPC) n'a pas augmenté, alors qu'il est en hausse au regard de la définition de l'IPCH puisque, du fait de la baisse de la part des remboursements, le reste à charge pour les patients a progressé.

L'IPCH est un indicateur plus pertinent que l'IPC pour mesurer l'évolution du pouvoir d'achat des ménages puisqu'il inclut tous les produits payés par les ménages et exclut ce qui est pris en charge par les administrations publiques. La baisse de la prise en charge des soins dentaires par la Sécurité sociale, qui est passée de 70 % à 60 % depuis le 15 octobre 2023, permet d'illustrer l'intérêt de mobiliser l'IPCH. Si le prix global des soins dentaires ne change pas, l'IPC n'enregistre aucune hausse des prix, contrairement à l'IPCH puisque le prix payé par les ménages augmente.

À côté des indices de prix habituellement utilisés, L'Insee calcule, à partir de l'IPCH, un indice d'inflation sous-jacente. Cet indice exclut les prix les plus volatils (énergie et biens alimentaires), dans le but de mesurer la tendance inflationniste profonde de l'économie, hors perturbations conjoncturelles (facteurs climatiques, tensions sur les marchés mondiaux, interventions de l'État sur les prix, etc.). Il ne sert donc pas à mesurer l'évolution du pouvoir d'achat des ménages. Utilisé en complément de l'IPC ou de l'IPCH, il permet de distinguer les parties « structurelle » et « conjoncturelle » de l'inflation. De début 2021 au pic de l'inflation début 2023, l'inflation sous-jacente a progressé environ deux fois moins vite que l'IPCH, ce qui s'explique par le fait que l'inflation était d'abord tirée par la hausse des prix de l'énergie, puis par celle des biens alimentaires. À partir du début de l'année 2023, la tendance s'est inversée, à tel point que, début 2024, l'inflation sous-jacente était plus dynamique que l'IPCH, traduisant la persistance d'une inflation « structurelle » malgré le fort ralentissement de l'inflation générale.

Pour finir, il nous reste à présenter le déflateur de la consommation[26], qui est une mesure de l'inflation employée dans le cadre de la comptabilité nationale, dans lequel la consommation des ménages porte sur un champ plus large que celui de l'IPC ou l'IPCH. Il contient notamment les « loyers imputés » (qui correspondent aux loyers que verseraient les ménages propriétaires de leur logement, s'ils en étaient locataires) et des « services financiers » non facturés correspondant aux marges de taux d'intérêt des banques sur leurs clients. Entre mi-2022 et mi-2023, le déflateur de la consommation de la comptabilité nationale a été bien plus dynamique (+ 7,1 %) que l'IPC (+ 5,2 %) en raison de l'envolée du prix des « services financiers » entraînée par la hausse des taux d'intérêt. Depuis le regain d'inflation en 2021, l'évolution du déflateur de la comptabilité nationale se situe entre celle de l'IPC et celle de l'IPCH.

26. Le déflateur (du PIB, de la consommation, des exportations, etc.) mesure les variations de prix dans un domaine de l'économie, en divisant la grandeur en valeur par cette même grandeur en volume. Le déflateur de la consommation rapporte donc la consommation en valeur à la consommation en volume. Il est utilisé pour corriger les agrégats des effets de l'inflation.

Pouvoir d'achat ou pouvoir de vivre ?

Si l'IPCH ou le déflateur des comptes nationaux sont de meilleurs indicateurs que l'IPC, ils ne permettent pas de parfaitement appréhender l'inflation ressentie par les ménages. Celle-ci peut être évaluée à partir de l'inflation subie sur la dépense arbitrable des ménages, qui désigne celle dont ils peuvent décider le montant une fois déduites les dépenses préengagées, c'est-à-dire les dépenses réalisées dans le cadre d'un contrat difficilement renégociable à court terme (comme les loyers, les crédits bancaires et les abonnements Internet). La part des dépenses préengagées n'a cessé de progresser, passant de 15 % des dépenses de consommation en 1960 à 35 % aujourd'hui. En 2022, le pouvoir d'achat du revenu arbitrable, qui rapporte l'évolution du revenu disponible après paiement des dépenses préengagées à celle du prix de la dépense de consommation non préengagée, a baissé de 2,5 % contre seulement 0,3 % pour le pouvoir d'achat du revenu disponible (indicateur médiatique du pouvoir d'achat). Autrement dit, la perte de pouvoir d'achat est beaucoup plus importante si on prend en considération la partie du revenu dont les ménages peuvent réellement disposer. Si on retirait de ce revenu arbitrable les dépenses très peu compressibles d'alimentation et d'énergie, la chute de pouvoir d'achat sur ce revenu résiduel serait encore plus spectaculaire.

Une autre limite importante des indices de prix à la consommation est qu'ils excluent les achats de logements. La flambée des prix de l'immobilier des années 2000 ne s'est que partiellement retrouvée dans ces indicateurs, car elle a indirectement alimenté une hausse des loyers qui y sont inclus (loyers réels pour IPC et IPCH, loyers réels et imputés pour le déflateur des comptes nationaux). L'exclusion des achats de logement est fondée sur le fait que, en achetant un logement, un ménage acquiert un actif et réalise donc une dépense d'investissement. Il ne procède donc pas à une consommation et il ne s'appauvrit pas. C'est vrai, mais il n'en demeure pas moins qu'il s'agit d'une dépense très importante pour un ménage. On pourrait ainsi construire un indice de prix de « dépense élargie » qui englobe la consommation et l'investissement des ménages. Entre 2000 et 2018, le déflateur de l'investissement a progressé de 60 % contre 24 % pour le déflateur de la consommation[27]. La Banque centrale européenne réfléchit à l'intégration des prix d'acquisition des logements dans un indice des prix élargi[28], preuve que la prise de conscience des limites de l'IPC gagne même les institutions les plus orthodoxes.

Les indices de prix à la consommation visent à mesurer l'évolution des prix des produits réellement consommés par les ménages. Mais on peut aussi aborder la question d'un tout autre point de vue, en essayant de déterminer les conditions d'une « vie décente ». C'est ce que propose l'approche par les « paniers types » : il s'agit de mesurer l'évolution des prix d'un panier de produits permettant d'assurer une « vie décente ». On dispose aujourd'hui en France de deux indicateurs : celui publié par l'Union nationale des associations familiales (UNAF) et celui fourni par l'Observatoire national

27. Sylvain Billot et Alexandre Bourgeois, « Quelle(s) mesure(s) du pouvoir d'achat ? », *Insee références*, 2019, p. 83-98. https://www.insee.fr/fr/statistiques/4181441?sommaire=4180914. Notons que le déflateur de la consommation et le déflateur de l'investissement sont des composantes du déflateur de la « dépense élargie ».

28. Yannick Kalantzis, Antoine Lalliard, Paul Vertier et Julien André, « La prise en compte du coût du logement des propriétaires dans la mesure de l'inflation », *Bloc-notes Éco de la Banque de France*, n° 253, 31 janvier 2022. https://www.banque-france.fr/fr/publications-et-statistiques/publications/la-prise-en-compte-du-cout-du-logement-des-proprietaires-dans-la-mesure-de-linflation.

de la pauvreté et de l'exclusion sociale (ONPES)[29]. Les « budgets types » de l'UNAF sont les plus anciens. Ils ont été régulièrement publiés depuis 1952. Leur objectif est de chiffrer les biens nécessaires à des familles pour vivre dans des conditions décentes. Comme pour les budgets de l'UNAF, les « budgets de référence » de l'ONPES[30] ont pour objectif de définir le panier de biens et services nécessaire pour atteindre un niveau de vie minimal décent. La principale différence réside dans la méthodologie utilisée par l'ONPES, qui s'appuie sur la participation des citoyens à des groupes de discussion afin d'aboutir à un consensus argumenté sur le contenu détaillé du panier nécessaire dans chacune des configurations familiales retenues.

Le coût de la vie décente, ou coût de la vie au minimum, a augmenté bien plus vite que l'IPC depuis le début des années 2000, et surtout depuis la crise de 2008. Entre 2000 et 2018, le coût du panier nécessaire à une vie décente a augmenté de 40 à 42 % selon la configuration familiale alors que l'IPC a augmenté de 27 %[31]. Comment interpréter cet écart ? Tout simplement par le fait que le coût d'une vie décente augmente plus vite que le coût d'une vie réellement vécue, faite de privations et de repli vers des produits de moins bonne qualité. Imaginons qu'un ménage consomme un bien alimentaire de bonne qualité dont le prix augmente de 10 %. L'évolution de

29. En 2019, l'ONPES a été intégré au Conseil national des politiques de lutte contre la pauvreté et l'exclusion sociale (CNLE), qui a repris les travaux sur les budgets de référence.

30. Pierre Concialdi, « Les budgets de référence : un nouveau repère dans le débat public sur la pauvreté », *La Revue de l'IRES*, 2014, n° 82, p. 3-36. https://ires.fr/publications/la-revue-de-l-ires/n-82/les-budgets-de-reference-un-nouveau-repere-dans-le-debat-public-sur-la-pauvrete/.

31. Pierre Concialdi, « Le pouvoir d'achat des familles modestes : la rupture de 2008 », *IRES – Éclairages*, n° 14, avril 2019. https://ires.fr/publications/eclairages/eclairages-014/.

son revenu ne lui permet plus d'acquérir ce bien : il se replie donc vers un bien de moins bonne qualité dont le prix augmente de 5 %. Avec les indices de prix officiels, l'inflation qu'il subit est de 5 %. Mais pour le ménage, l'inflation perçue est plutôt de 10 % puisqu'elle correspond à la hausse du prix du bien qu'il aurait souhaité continuer à acheter. L'approche par les « budgets types » permet d'être au plus près du ressenti des ménages, surtout quand l'élaboration de ces budgets est le fruit d'une démarche participative visant à définir les produits nécessaires à une vie de bonne qualité.

CHAPITRE 2

À qui profite le « crime » ?

LES GAGNANTS, LES PERDANTS, LES PROFITEURS

L'épisode inflationniste amorcé en 2021 n'affecte pas l'ensemble de la population de la même façon. Les disparités importantes qui apparaissent entre ménages comme entre entreprises permettent de désigner des perdants (les catégories populaires), des gagnants (les détenteurs du capital), et des profiteurs de crise (les grands groupes de l'énergie, du raffinage, et de l'industrie agroalimentaire).

L'inflation : un retour après une éclipse de quarante ans dans les pays occidentaux

L'inflation est de retour dans les pays occidentaux depuis 2021. Relativement stable autour de 4 % jusqu'à la fin des années 1960, une période de forte inflation s'installe dans la plupart des pays occidentaux (l'Allemagne faisant exception) du début des années 1970 (donc avant même le premier choc pétrolier de 1973) au début des années 1980, avant que la hausse du niveau général des prix ne reflue durablement autour de 2 % à partir du milieu des années 1980, en dépit des crises qui ont émaillé cette période.

Ainsi, en 2007, la hausse du prix du pétrole (qui a presque doublé au cours de l'année) et du prix des matières premières agricoles (plus de 20 %) ne s'est pas diffusée à l'ensemble de

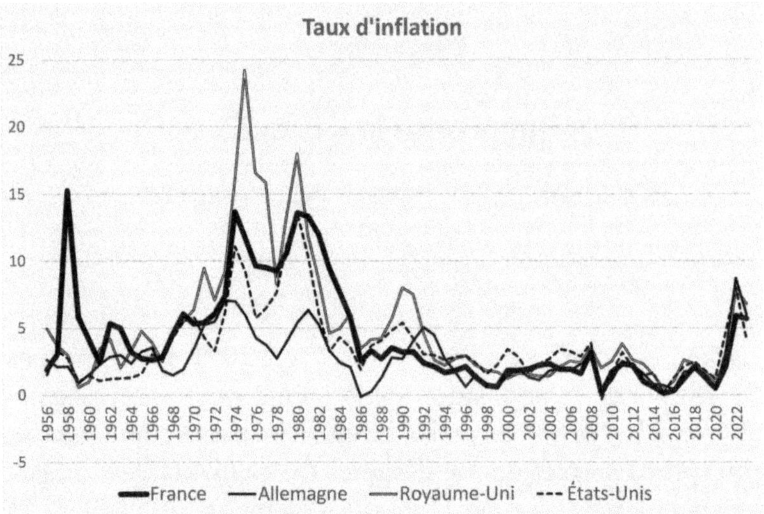

Source : OCDE (indices de prix à la consommation) et Eurostat (IPCH à partir de 1996).

l'économie. Alors que la croissance de l'IPCH a atteint en France un pic de 4 % au début de l'été 2008, elle s'est ensuite fortement réduite, comme dans les autres pays occidentaux, avec l'éclatement de la crise financière (entre début 2008 et fin 2012, le taux de chômage publié par l'Insee est passé de 7,2 % à 10,2 %).

Entre septembre 2021 et décembre 2023, l'indice des prix à la consommation harmonisé (IPCH) a augmenté de 12,3 % en France. L'inflation a démarré par un choc sur les prix de l'énergie et des matières premières agricoles dès le début de l'année 2021 (avant donc le déclenchement de la guerre en Ukraine en février 2022) : les déconfinements et les plans de relance ont créé une augmentation de la demande sans que l'offre puisse s'ajuster instantanément. Puis, cette inflation s'est diffusée aux biens alimentaires, avant de se généraliser à l'ensemble de l'économie. Sur l'ensemble de cette période, la hausse des prix est particulièrement forte pour les composantes énergétiques (+ 29 %) et alimentaires (+ 20 %). Cela ne doit toutefois pas masquer la forte progression des autres composantes (+ 8 % pour les services et les biens industriels non énergétiques), qui indique une diffusion de l'inflation à l'ensemble des biens et services en 2022 et 2023.

Des ménages inégalement touchés par le choc inflationniste

Globalement, les ménages ont vu leur pouvoir d'achat[32] stagner en moyenne annuelle entre 2021 et 2023. Il a en revanche baissé d'environ 1 % entre fin 2021 et fin 2023. Cependant, les effets de l'inflation sur les ménages varient fortement selon l'évolution de leurs revenus et la structure de leur consommation.

Baisse des salaires, envolée des revenus du patrimoine

Il existe plusieurs définitions du salaire : le salaire mensuel de base (SMB) correspond à la première ligne du bulletin de paie, il n'inclut ni les primes ni la rémunération des heures supplémentaires ; le salaire moyen par tête (SMPT) et le salaire horaire incluent tous les éléments de rémunération (y compris les primes, heures supplémentaires, intéressement et participation). Le salaire par tête et le salaire horaire ont connu des évolutions heurtées en 2020 et 2021 : le salaire horaire a fortement augmenté pendant les périodes de confinement (puisque les heures travaillées ont plus chuté

32. Le pouvoir d'achat est ici mesuré à partir du revenu disponible, corrigé de l'évolution des prix et de la croissance démographique.

que les salaires) avant de plonger ensuite. C'est l'inverse pour le salaire par tête, qui a chuté début 2020 (les indemnités de chômage partiel n'étant pas considérées comme du salaire par la comptabilité nationale, mais comme des prestations sociales) avant de remonter fortement ensuite.

Si l'on regarde l'évolution du pouvoir d'achat de ces indicateurs depuis la première élection d'Emmanuel Macron, la chute est sévère. Entre le deuxième trimestre 2017 et le quatrième trimestre 2023, on observe : – 3,5 % pour le SMPT, – 4,8 % pour le salaire horaire (dans le secteur marchand non agricole), et – 3,3 % pour le SMB. Cette baisse de pouvoir d'achat est concentrée sur les années 2022 et 2023, où l'inflation (IPCH) en moyenne annuelle a été de 5,9 % puis de 5,7 %. Contrairement à une idée reçue, le Smic n'est pas parfaitement indexé sur l'inflation : d'une part, parce qu'il est revalorisé en fonction de l'IPC hors tabac des 20 % des ménages les plus pauvres, et non de l'IPCH ; d'autre part, parce que l'indexation sur l'IPC ne se fait pas en temps réel mais avec un décalage de quelques mois. En l'absence de tout « coup de pouce[33] » (depuis 2012) en plus de la revalorisation légale, le pouvoir d'achat du Smic (déflaté par l'IPCH) a baissé de 1,9 % entre janvier 2021 et décembre 2023.

Dans le même temps, les revenus du patrimoine des ménages se sont envolés. Entre le deuxième trimestre 2017 et le quatrième trimestre 2023, les revenus du patrimoine, toujours corrigés de l'IPCH, ont progressé de 19,1 %. Parmi ceux-ci, les loyers (réels et fictifs[34]) ont augmenté de

33. Le gouvernement peut en effet porter le Smic à une valeur supérieure à celle qui résulte de la seule mise en œuvre des mécanismes d'indexation légaux.

34. Les « loyers imputés » (ou « loyers fictifs ») correspondent (en comptabilité nationale) aux loyers que les propriétaires occupants auraient à payer s'ils étaient locataires du logement qu'ils habitent.

8,8 % et les dividendes ont connu une hausse phénoménale : + 84,6 % !

La relative stabilité du pouvoir d'achat des ménages pendant la période inflationniste (entre 2021 et 2023) cache donc des évolutions très contrastées : les salariés se sont appauvris alors que les détenteurs du capital se sont enrichis. Il est donc fort probable que les inégalités aient augmenté. En effet, en 2017, les revenus du patrimoine représentaient 27 % du revenu des 20 % des ménages les plus riches (16 % pour les revenus financiers et 11 % pour les revenus du logement), alors qu'ils représentaient 10 % du revenu des 40 % les plus modestes (1 % pour les revenus financiers et 9 % pour les revenus du logement)[35].

En 2021, le taux de pauvreté, qui mesure le pourcentage de personnes dont le niveau de vie est inférieur à 60 % du niveau de vie médian, avait déjà fortement augmenté, passant de 13,6 % à 14,5 %, soit son plus haut niveau depuis 1996, année où cet indicateur a été calculé pour la première fois. Il progressera probablement dans les prochaines années. Cela devrait être le cas en 2023[36], année où les mesures sociofiscales (c'est-à-dire celles qui ont davantage bénéficié aux plus pauvres) comme la prime inflation[37] n'ont pas été reconduites, à la différence des boucliers tarifaires sur l'électricité et le gaz. En outre, le « taux de privation matérielle et sociale »

35. Jérôme Accardo et Sylvain Billot, « Plus d'épargne chez les plus aisés, plus de dépenses contraintes chez les plus modestes », *Insee Première*, 2020, https://www.insee.fr/fr/statistiques/4764600.

36. Nous utilisons ici le conditionnel car, au moment où ce livre paraît, nous ne connaissons pas le taux de pauvreté en 2023.

37. La prime inflation avait pour objectif d'aider les Français à faire face à la forte hausse des prix de l'énergie et des carburants à la pompe en 2021-2022. D'un montant de 100 euros, elle était versée en une seule fois à toute personne dont le revenu net était inférieur à 2 200 euros nets par mois.

(part de personnes ne parvenant pas à couvrir les dépenses strictement nécessaires à une vie décente) est en forte hausse en 2022. Il atteint 14 %, contre 11,3 % en 2021, c'est-à-dire son maximum depuis sa création en 2013.

Les ménages ruraux, âgés et modestes, davantage frappés par l'inflation

La forte augmentation des prix de l'énergie et de l'alimentation a davantage pénalisé les personnes âgées que les jeunes, les ruraux (plus dépendants de la voiture) que les urbains, et les modestes davantage que les plus aisés. D'après l'OFCE[38], les 60 % des ménages les plus modestes ont subi une inflation plus élevée que la moyenne, alors que les 30 % les plus aisés ont supporté une inflation moindre.

Si l'inflation a pu pousser les ménages les plus aisés à réduire certaines dépenses superflues, elle n'a pas altéré leurs conditions de vie. Ainsi, la consommation des « services aux ménages » (loisirs, services domestiques, etc.), qui concerne avant tout les plus riches, a progressé (en volume) de 6,6 % depuis début 2022.

En revanche, l'inflation a eu des conséquences négatives voire dramatiques pour les ménages les plus pauvres. Un chiffre a été beaucoup commenté : la baisse de 11 % de la consommation en volume de biens alimentaires entre fin 2020 et fin 2023. Cela ne signifie pas que la quantité de nourriture consommée a baissé de 11 %, même si les ménages les plus pauvres sautent plus régulièrement des repas, mais plutôt qu'ils se sont rabattus vers des produits de qualité inférieure, faute de pouvoir

38. Ombeline Jullien de Pommerol, Pierre Madec, Mathieu Plane et Raul Sampognaro, « De la crise Covid au choc inflationniste. Une analyse macro/micro du pouvoir d'achat en France », *OFCE*, 2023.

maintenir leur consommation antérieure. L'inflation a donc été synonyme de privations et de déclassement pour une partie importante de la population. Selon une étude du Crédoc[39], la part des ménages déclarant « pouvoir manger tous les aliments voulus » est passée de 48 % en avril 2021 à 39 % en novembre 2022, alors que celle déclarant « ne pas avoir assez à manger » est passée de 10 % à 16 %.

Les dépenses préengagées et peu compressibles (dont l'énergie et les biens alimentaires) représentent environ 65 % des dépenses des 20 % les plus pauvres et 60 % de celles des ouvriers, contre environ la moitié des dépenses des 20 % les plus riches et de celles des cadres[40]. Cela accentue le sentiment de privation des catégories populaires.

Les catégories populaires sont les grandes perdantes de la séquence inflationniste

Les évolutions différenciées de revenu et les écarts dans les structures de consommation se cumulent pour expliquer les divergences d'évolution du pouvoir d'achat. Entre 2021 et 2023, selon l'OFCE[41], les ménages appartenant aux 10 % les plus pauvres ont certes connu une très légère hausse de leur pouvoir d'achat, grâce à des prestations ponctuelles qui ciblaient les plus modestes. Mais les minima sociaux sont revalorisés chaque année en avril en fonction de l'inflation

39. Marianne Bléhaut et Mathilde Gressier, « En forte hausse, la précarité alimentaire s'ajoute à d'autres fragilités », *Crédoc*, 2023, https://www.credoc.fr/publications/en-forte-hausse-la-precarite-alimentaire-sajoute-a-dautres-fragilites.

40. Jérôme Accardo et Sylvain Billot, « Plus d'épargne chez les plus aisés, plus de dépenses contraintes chez les plus modestes », art. cité.

41. Ombeline Jullien de Pommerol, Pierre Madec, Mathieu Plane et Raul Sampognaro, « De la crise Covid au choc inflationniste. Une analyse macro/micro du pouvoir d'achat en France », art. cité.

constatée les douze derniers mois, ce qui crée un décalage avant que le montant de ces prestations prenne en compte la hausse du coût de la vie. Ainsi, en décembre 2023, le pouvoir d'achat du RSA (corrigé de l'évolution de l'IPC des 20 % des ménages les plus pauvres) était de 28 euros inférieur à son niveau de décembre 2020. Les catégories populaires et moyennes (les 60 % de ménages compris entre le 1er et le 7e décile des niveaux de vie[42]) ont subi une baisse de leur pouvoir d'achat (comprise entre – 0,3 % et – 0,8 %). Ce sont ainsi les ménages qui vivent principalement de leurs salaires qui ont le plus subi le choc inflationniste. En revanche, les ménages appartenant aux 20 % les plus aisés ont enregistré des gains de pouvoir d'achat : de 0,4 % pour les 10 % de ménages situés entre le 8e et le 9e décile à 1,2 % pour les 10 % de ménages les plus riches. La forte hausse des revenus du patrimoine et une inflation qui les touche moins ont dopé le niveau de vie des plus fortunés.

Les superprofits des entreprises profiteuses de crise

Du côté des entreprises, les effets de l'inflation varient entre branches d'activité et au sein des branches, en raison de l'inégale sensibilité à la hausse des coûts de l'énergie et des intrants[43] importés, et parce que ces entreprises n'ont pas toutes le même pouvoir de répercuter cette hausse sur leurs prix. Plus une entreprise a un pouvoir de marché important (c'est-à-dire moins elle craint que des

42. Les déciles sont les valeurs qui partagent une distribution en dix parties d'effectifs égaux. Ici, le 1er décile représente le niveau de vie au-dessous duquel se situent 10 % des ménages, le 7e décile celui au-dessous duquel se trouvent 70 % des ménages.

43. Un intrant est un bien ou service entrant dans le processus de production.

concurrents lui prennent des parts de marché), plus elle préfère améliorer ses marges en relevant ses prix plutôt que préserver la compétitivité de ses prix en ne reportant pas intégralement la hausse des coûts. Les secteurs consommant beaucoup d'énergie ou d'intrants importés (comme le textile, la chimie ou la métallurgie) ont connu des hausses de prix marquées. D'après une étude de l'Insee[44], les entreprises industrielles ont répercuté dans leurs prix de vente l'intégralité des hausses de prix de l'énergie et la moitié des hausses de prix des intrants importés (hors énergie). Mais la disparité des hausses de prix est plus élevée entre firmes d'une même branche qu'entre branches. Elle varie aussi en fonction des fournisseurs d'intrants, des tailles d'entreprises et des pouvoirs de marché. Pour affiner ce diagnostic, nous nous appuyons ci-après sur une décomposition comptable qui permet d'identifier et de quantifier les sources de l'inflation selon les branches d'activité.

Une décomposition comptable de l'inflation

Pour chaque branche d'activité, on peut décomposer la production en euros courants, c'est-à-dire la production en valeur (non corrigée de l'inflation), comme la somme de quatre composantes :

– la valeur des « intrants », c'est-à-dire le coût des matières premières, de l'énergie, et des produits utilisés et détruits dans le processus de production. Elle comprend notamment les prix des biens importés ;

– la rémunération des salariés, qui inclut les salaires nets et

44. Raphaël Lafrogne-Joussier, Julien Martin et Isabelle Méjean, « La transmission directe des coûts des intrants importés et de l'énergie aux prix de production : un impact très variable d'une entreprise à l'autre », *Insee Analyse*, 2023, https://www.insee.fr/fr/statistiques/7616072.

l'ensemble des cotisations (patronales et salariales), qui constitue la partie socialisée des salaires ;

– les impôts de production (taxe foncière, cotisation foncière des entreprises, cotisation sur la valeur ajoutée des entreprises, etc.) moins les subventions sur la production (aides à l'apprentissage, aides Covid, etc.) ;

– l'excédent brut d'exploitation ou profit des entreprises, qui est la différence entre le prix auquel les entreprises vendent leur production et leurs coûts de production (les trois précédentes composantes).

Ces quatre composantes contribuent à l'évolution des prix de production (le ratio entre la production en euros courants et la production en volume, c'est-à-dire corrigée de l'inflation). Leurs contributions dépendent de deux facteurs : leur part dans la valeur de la production et leur évolution. Si, par exemple, la part des profits dans la valeur de la production est de 20 % et que la hausse des profits contribue pour 30 % à la hausse des prix de production, cela signifie que l'évolution des profits alimente l'inflation au lieu de la freiner.

Les secteurs de l'énergie, du raffinage et des industries agroalimentaires ont profité de la crise

Nous avons effectué cette décomposition comptable pour les grands secteurs de l'économie entre le premier trimestre 2021 et le quatrième trimestre 2023 d'une part (sur l'ensemble de la période inflationniste), et entre le premier trimestre 2022 et le quatrième trimestre 2023 (une fois passé l'essentiel du choc sur les matières premières et l'énergie, survenu en 2021). Début 2021, avant le retour de l'inflation donc, le taux de marge des sociétés non financières (c'est-à-dire la part des profits dans la valeur ajoutée) est à son maximum (37 %). C'est un niveau bien supérieur à celui de la période pré-Covid, puisqu'il était de 33 % fin 2019, ce qui constituait déjà un taux de marge artificiellement haut[45]. Cela traduit le fait que les entreprises ont bénéficié pendant la crise du Covid d'aides exceptionnelles qui ont dopé de façon extraordinaire leurs taux de marge, déformant le partage de la valeur ajoutée en leur faveur.

Entre début 2021 et fin 2023, le taux de marge des sociétés non financières a reculé d'environ 4 points pour revenir à son niveau (déjà très élevé) de 2019. Non pas parce que les hausses de salaire auraient été particulièrement importantes (c'est même l'inverse), mais parce que la productivité du travail a chuté[46]. Globalement, les profits ont peu contribué à l'inflation sur l'ensemble de cette période. La hausse du coût des intrants explique environ 70 % de la hausse des prix. Mais certains secteurs se distinguent par la contribution des profits à la hausse des prix. Dans le secteur de l'énergie, la hausse des profits explique 31 % de la hausse vertigineuse des prix (qui ont doublé) alors que la part des profits dans la valeur de la production est de 20 %. Dans le secteur de l'industrie agroalimentaire, les profits expliquent 20 % de la hausse des prix pour un poids des profits dans la production de 11 %. Pour ces deux secteurs, la contribution des profits à l'inflation est concentrée sur la période 2022-2023. Concernant le secteur agroalimentaire, certains ont parlé d'un simple « rattrapage » en 2022-2023, après une année 2021 où ces

45. En 2019, des baisses de cotisations patronales se sont substituées au crédit impôt pour la compétitivité et l'emploi (CICE). Dans les comptes nationaux, les subventions de CICE dues au titre de l'année 2018 (mais versées en 2019) ont été enregistrées en 2019 : on a donc en 2019 un doublement artificiel de l'effet CICE sur les profits des entreprises, ce qui explique la hausse du taux de marge des sociétés non financières, qui passe de 31,5 % en 2018 à 33 % en 2019. Cela a été corrigé dans la nouvelle version des comptes nationaux, publiée en mai 2024.

46. L'évolution de la productivité du travail et ses effets seront détaillés dans le chapitre 4.

industries n'ont pas répercuté entièrement la hausse des prix de leurs intrants dans leurs prix de vente. C'est faux : le taux de marge des industries agroalimentaires est bien plus élevé fin 2023 qu'il ne l'était avant la crise sanitaire (environ 5 points au-dessus), alors même que la productivité du travail s'est effondrée (– 17 % entre début 2018 et fin 2023)[47].

Le secteur du raffinage pétrolier a également réalisé des superprofits, car il ne s'est pas contenté de répercuter la hausse du prix du pétrole brut sur ses prix de vente. Sur l'ensemble de la période inflationniste, pendant laquelle les prix ont presque doublé, les profits ont contribué pour 20 % à la hausse des prix, tandis que la part des profits dans la valeur de la production est seulement de 7 %.

Autrement dit, dans les secteurs où les prix ont le plus augmenté, la hausse du prix des intrants, et notamment des produits importés, n'est pas la seule responsable de l'envolée des prix. Ce ne sont pas les salaires qui se sont envolés, mais les profits. Dans le secteur de l'agroalimentaire, les profits ont plus que doublé entre fin 2021 et fin 2023 (passant de 2,9 milliards d'euros à 6,6 milliards d'euros) alors que la rémunération des salariés a très peu progressé (passant de 7,0 milliards d'euros à 7,6 milliards d'euros). Pendant que les profits explosaient, le salaire horaire brut réel dans l'industrie agroalimentaire chutait de 3,5 %. Cette envolée des profits s'explique par au moins deux facteurs. Tout d'abord, le marché est dominé par quelques grands groupes (Lactalis, Danone, etc.) qui peuvent imposer leurs prix à la grande distribution. Ils produisent en outre des biens essentiels, couvrant

47. Comme nous le verrons dans le chapitre 4, la baisse de la productivité du travail tend à se traduire par une inflation plus importante. Les entreprises doivent donc augmenter les prix pour simplement maintenir leur taux de marge. Augmenter le taux de marge lorsque la productivité du travail baisse suppose donc d'augmenter fortement les prix.

des besoins fondamentaux. Les clients sont captifs et doivent subir les hausses de prix, car ils ne peuvent réduire significativement la consommation de ces biens. De la même façon, les grands groupes de l'énergie et du raffinage ont pu imposer aux consommateurs de fortes hausses de prix sans que la demande fléchisse de façon trop importante.

Au cours de la période 2022-2023, les profits expliquent une grande partie de l'inflation. Pour l'ensemble du secteur marchand, ils expliquent 41 % de la hausse des prix (alors que leur part dans la valeur de la production n'est que de 17 %), les intrants 30 % (pour une part de 57 %), et les salaires seulement 21 % (pour une part de 24 %). Dans le secteur de l'énergie, la totalité de la hausse des prix est expliquée par les profits ; ce sont les trois quarts dans le secteur des biens d'équipement ; et pour le matériel de transport et l'industrie agroalimentaire, c'est environ la moitié ! On peut bel et bien parler d'une inflation généralisée par les profits à partir du début de l'année 2022, après une première phase d'inflation essentiellement générée par le coût des importations. En revanche, les salaires sont restés atones, contribuant ainsi à freiner fortement l'inflation. Nous voilà bien loin de la boucle prix-salaires prophétisée par certains !

CHAPITRE 3

Comment tant d'économistes se trompent

CRITIQUE DE L'ÉCONOMIE ORTHODOXE

L'objectif de ce chapitre est de déconstruire certaines idées reçues qui, bien que non fondées, continuent d'inspirer des politiques contreproductives. Ainsi, contrairement à ce qu'avancent de trop nombreux économistes, l'inflation n'est pas due à une croissance excessive de la quantité de monnaie en circulation dans l'économie, et rarement causée par une demande excessive. Comme nous le verrons dans le chapitre suivant, elle est fondamentalement le produit de rapports sociaux, donc du conflit pour la répartition des revenus. La relation inverse habituellement établie entre inflation et chômage, popularisée au travers de la « courbe de Phillips », est également largement questionnable. Le problème est que ces idées reçues continuent d'irriguer des politiques économiques inefficaces.

L'inflation n'est pas monétaire

L'idée selon laquelle l'inflation serait causée par une trop grande quantité de monnaie en circulation dans l'économie est ancienne. Elle s'inscrit dans une tradition relevant de la théorie quantitative de la monnaie, déjà défendue au XIXe siècle par David Ricardo, formalisée au début du XXe siècle par Irving Fisher au travers de son « équation des échanges[48] » et popularisée ensuite par Milton Friedman et le courant « monétariste[49] ». Pour Friedman, « l'inflation est partout et toujours un phénomène monétaire[50] ». Elle ne serait donc pas provoquée par l'évolution de l'économie réelle (la structure de production, les échanges de biens et services, l'organisation ou la rémunération du travail, etc.), mais uniquement par des phénomènes liés à la création monétaire. Selon les économistes monétaristes, une trop grande quantité de monnaie en circulation dans l'économie conduit à une augmentation de la demande de biens et services qui, si elle ne s'accompagne pas d'une création de richesse réelle additionnelle (l'offre de biens et services n'augmente pas), entraîne inévitablement un accroissement des prix. Cette approche repose toutefois sur l'idée, véhiculée par la théorie quantitative de la monnaie, selon laquelle toute la monnaie disponible ne sert qu'à acheter des biens et des services (la monnaie n'est donc qu'un simple intermédiaire des échanges et en aucun cas un bien que l'on souhaite détenir parce qu'il

48. Pour une présentation détaillée de la théorie quantitative de la monnaie présentée par Fisher, voir la fiche technique 3.1 en fin de chapitre.

49. Le monétarisme est une école de pensée reprenant pour l'essentiel la théorie quantitative de la monnaie (voir fiche technique 3.1), qui avance que la monnaie influe seulement sur les prix et que, par conséquent, la politique monétaire doit servir uniquement à lutter contre l'inflation. Dans ce cadre, utiliser la politique monétaire pour d'autres motifs – favoriser la croissance par exemple – est vain, car la politique monétaire est incapable de stimuler l'économie (excepté de manière très temporaire) et risque de ne produire qu'une inflation plus importante.

50. La citation complète est la suivante : « L'inflation est toujours et partout un phénomène monétaire en ce sens qu'elle est et qu'elle ne peut être générée que par une augmentation de la quantité de monnaie plus rapide que celle de la production. Il y a cependant différentes raisons expliquant la croissance de la monnaie, comme des découvertes d'or, le financement des dépenses du gouvernement ou le financement des dépenses privées », traduit de Milton Friedman, « The Counter-Revolution in Monetary Theory », *IEA Occasional Paper*, n° 33, 1970.

a une valeur intrinsèque), hypothèse que contestera fortement l'économiste anglais John Maynard Keynes.

Les faits se sont également chargés d'invalider cette approche théorique, car la causalité entre la création monétaire et la hausse du niveau général des prix ne se vérifie pas. Ainsi, au cours des années 1980, la masse monétaire mondiale a crû plus rapidement que l'activité, mais l'inflation était en baisse. Dans les années 1990, elle a augmenté dans la même proportion que la production, pourtant les prix ont augmenté. Et, depuis la crise financière de 2008, les banques centrales du monde entier ont mené des politiques monétaires extrêmement accommodantes via le *quantitative easing*[51], des taux directeurs nuls puis négatifs et l'accroissement de leur offre de liquidités au secteur bancaire. Cela a entraîné une création monétaire très importante sans pour autant avoir d'impact sur le niveau des prix des biens et services. Au contraire, le problème principal au cours de la décennie 2010, en particulier en Europe, était le risque de déflation et non le retour de l'inflation[52]. Ces politiques monétaires ont en revanche alimenté une « inflation financière » c'est-à-dire une bulle sur les marchés financiers[53]. Bien qu'invalidée par les faits, les

51. L'assouplissement quantitatif, ou *quantitative easing*, consiste, pour une banque centrale, à intervenir de façon massive sur les marchés financiers en achetant des actifs (notamment des titres de dette publique) aux banques commerciales et à d'autres acteurs, afin de faire baisser les taux d'intérêt et de permettre aux ménages, aux entreprises et aux États de continuer à se financer à de bonnes conditions. Cela doit favoriser la croissance économique et la remontée du taux d'inflation à un niveau compatible avec la stabilité des prix.

52. On a d'ailleurs observé une légère déflation dans la zone euro lors du dernier trimestre de l'année 2020. Voir Jonathan Marie et Virginie Monvoisin, « L'inflation ? Une question de répartition », Note des Économistes atterrés, 2022.

53. Voir Éric Berr, Sylvain Billot, Jonathan Marie, Raul Sampognaro et Aurélie Trouvé, « Inflation : la lutte des classes par les prix », *Note de l'Institut La Boétie*, 2022.

monétaristes considèrent qu'afin de lutter contre l'inflation il est nécessaire de contrôler la quantité de monnaie émise par le secteur bancaire. Dans les années 1970, Milton Friedman proposait que les banques centrales s'assurent que la masse monétaire ne progresse que de 3 % par an, ce taux de croissance étant le taux de croissance de l'économie attendu chaque année. Concrètement, les banques centrales doivent agir sur la quantité de crédits distribués dans l'économie, ce qu'elles font en modulant leurs taux d'intérêt directeurs, comme nous le verrons plus loin dans ce chapitre.

Cette approche entre pourtant en contradiction avec le fonctionnement réel de l'économie. En effet, la monnaie est mise en circulation par les banques, principalement en réponse aux demandes d'emprunt formulées par des entreprises souhaitant investir et développer leur outil de production – mais aussi pour financer des achats de titres financiers –, après avoir vérifié la solvabilité de ces dernières. La monnaie est donc créée parce que les acteurs économiques la demandent, on dit qu'elle est endogène. En ce sens, il ne peut y avoir trop de monnaie en circulation et l'inflation ne peut donc pas être provoquée par un excès de monnaie. Pour les monétaristes comme pour certains keynésiens, l'inflation peut également être causée par l'excès de la demande de produits relativement à l'offre disponible. Cela peut concerner un marché spécifique ou l'ensemble de l'économie, en particulier si la demande générale est excessivement stimulée par une politique budgétaire de soutien à l'activité.

Cette analyse ne permet pas d'expliquer l'inflation actuelle. En effet, le contexte économique se traduit plutôt par un chômage important et une sous-utilisation des facteurs de production. Il n'y a donc pas de contrainte limitant l'offre qui serait révélée par la hausse de la demande. Et, comme le pouvoir de négociation des salariés s'est largement réduit depuis le précédent épisode inflationniste dans les années 1970, les revenus du travail ont peu (ou pas) augmenté sur la période récente. Ces derniers n'ont donc pas pu entraîner une pression importante sur la demande, mais ont plutôt favorisé la stagnation économique.

Si, suite à la crise sanitaire, des décalages entre l'offre et la demande ont pu occasionner des hausses de prix, ils n'ont pas été causés par une forte demande (à l'exception peut-être de brèves périodes après les confinements), mais bien par une pénurie d'offre due à la rupture des chaînes de valeur mondiales[54].

La relation de Phillips : existe-t-il un arbitrage entre inflation et chômage ?

Comme nous l'avons mentionné au chapitre 1, la période des Trente Glorieuses (1945-1975) se caractérise par une croissance dynamique de l'activité économique au sein de laquelle la logique « fordiste » à l'œuvre fait que les gains de productivité alimentent la hausse des revenus des ménages. Ainsi coexistent un faible niveau de chômage et une inflation non négligeable – même si elle est maîtrisée –, conformément aux enseignements de la relation de Phillips.

54. Les chaînes de valeur mondiales (ou globales) désignent l'ensemble des activités productives réalisées par les entreprises en différents lieux géographiques au niveau mondial pour amener un bien ou un service du stade de la conception à celui de la production et de la livraison au consommateur final. L'intensification de la mondialisation a entraîné une interdépendance croissante entre les pays en raison de la segmentation croissante des processus de production. Cette stratégie, qui permet aux plus grandes firmes d'améliorer leur rentabilité, a des conséquences sociales (par la mise en concurrence des travailleurs du monde entier) comme écologiques (par le développement du transport des marchandises à toutes les étapes du processus de production) désastreuses.

En effet, l'économiste néo-zélandais Alban William Phillips publie en 1958 une étude qui fera date sur la relation entre chômage et taux de variation du salaire nominal en Grande-Bretagne sur près d'un siècle (1861-1957). Statistiques à l'appui, Phillips établit que, dans les phases d'expansion des salaires nominaux, le chômage régresse et, inversement, quand le chômage augmente, les salaires augmentent moins vite, voire diminuent. Il montre ainsi que le taux de variation des salaires nominaux est une fonction décroissante du taux de chômage. Quelques années plus tard, Richard Lipsey étendra la relation originelle (entre taux de chômage et taux de variation des salaires nominaux) à une relation inflation-chômage – ce que l'on appelle communément la relation de Phillips –, où la diminution de l'inflation se paie par un surcroît de chômage et, inversement, la réduction du chômage se fait au prix d'une inflation plus forte[55].

La relation de Phillips a servi de justification aux politiques économiques dites de « *stop and go* ». Dans les périodes lors desquelles le chômage devenait excessif, on pratiquait la relance, en abaissant les taux d'intérêt, en creusant le déficit budgétaire, et en acceptant la hausse de l'inflation, considérée

55. L'interprétation théorique de Lipsey est fondée sur la supposée loi de l'offre et de la demande, à laquelle le marché du travail, comme tout marché, serait censé obéir. Selon Lipsey, lorsque le taux de chômage s'élève au-dessus d'une valeur d'« équilibre » (correspondant à l'équilibre entre offre et demande de travail, donc à un taux de chômage « normal », compte tenu du flux normal de personnes quittant volontairement leur emploi et de la durée minimale qu'elles doivent attendre avant de trouver un nouvel emploi), l'offre des travailleurs est supérieure à la demande des employeurs. Cela se traduit par une diminution du salaire nominal, donc un taux de croissance des salaires négatif qui entraîne une baisse de l'inflation. Inversement, lorsque la demande de travail (des entreprises) tend à dépasser l'offre de travail (des ménages), c'est-à-dire quand le chômage diminue, le taux de croissance des salaires nominaux est positif – l'inflation repart donc à la hausse – et cette croissance des salaires est d'autant plus forte que l'on s'approche du plein-emploi.

comme le prix à payer pour réduire le chômage. Inversement, dans les périodes de « surchauffe », la politique économique prenait le visage de la rigueur, voire de l'austérité, comprimant la demande par des hausses d'impôt ou de taux d'intérêt afin de freiner l'inflation, sans s'inquiéter de la remontée du taux de chômage, considérée, là encore, comme le prix à payer pour combattre l'inflation.

Ces politiques ont été la cible de nombreuses attaques, provenant d'économistes de tous horizons : les uns pour critiquer le caractère inflationniste des politiques de relance ; les autres pour dénoncer les politiques de lutte contre l'inflation, créatrices de chômage. C'est la stagflation des années 1970 qui va mettre ces politiques en échec et permettre à Milton Friedman de rejeter l'interprétation de la relation de Phillips sur laquelle se basaient les politiques économiques keynésiennes de l'époque. Friedman s'était intéressé à la relation de Phillips afin de mettre en garde contre les dangers des politiques de soutien à la croissance. D'après lui, les politiques mises en œuvre pour résorber le chômage se traduisent toujours par un surcroît d'inflation, sans jamais parvenir à abaisser le taux de chômage en deçà d'un niveau d'équilibre qu'il qualifie de « naturel[56] ». Il n'y aurait donc pas d'arbitrage qui tienne entre inflation et chômage à long terme.

Pour Friedman et les monétaristes, lutter contre l'inflation doit être l'objectif de la politique économique, aucun autre objectif n'étant atteignable. Cela suppose de maîtriser la quantité de monnaie émise par le secteur bancaire. Le rôle des banques centrales est donc de contrôler le volume des crédits accordés aux ménages, aux entreprises ou encore

56. Le taux de chômage naturel désigne le taux de chômage en dessous duquel les rigidités du système économique empêcheraient de descendre. Il mesure le coût de l'intervention publique ou des obstacles qui empêcheraient le marché du travail de fonctionner de manière optimale.

à l'État en agissant sur le niveau de ses taux d'intérêt directeurs. C'est le sens du discours prononcé devant des banquiers centraux le 24 février 2022 par Isabel Schnabel, membre du directoire de la BCE et donc en charge de la définition de sa politique monétaire[57]. Elle indiquait que le taux de chômage dans la zone euro était inférieur au NAIRU[58] et annonçait que, de ce fait, la BCE devrait très certainement amorcer une hausse de ses taux directeurs, ce qui interviendra effectivement à partir de l'été 2022.

L'influence de Friedman est toujours largement présente

Aujourd'hui, la grande majorité des économistes ne croit pas que l'inflation soit provoquée par une quantité de monnaie excessive. En ce sens, ils ne peuvent être qualifiés de monétaristes. Pourtant, Friedman a laissé un héritage important. Il admet qu'à court terme, et à court terme seulement, une politique de soutien de l'activité peut entraîner une baisse du chômage, au prix d'une hausse de l'inflation. Selon lui, si on stimule l'activité par une politique économique expansionniste (en accroissant les dépenses publiques ou en menant une politique monétaire accommodante), les prix vont immédiatement augmenter. Sous l'effet de cette inflation, les salaires réels diminuent, conduisant les entreprises à embaucher puisque le coût réel du travail a baissé, ce qui réduit le chômage. Mais, progressivement, les salariés se rendent compte que leur pouvoir d'achat, c'est-à-dire leur

57. Voir https://www.ecb.europa.eu/press/key/date/2022/html/ecb.sp220224~232cb567cd. en.html.

58. Le *Non-Accelerating Inflation Rate of Unemployment* (NAIRU) désigne le taux de chômage compatible avec une inflation stable.

salaire réel, a diminué à cause de l'inflation. Ils demandent alors des hausses de salaire qui vont annuler l'effet initial. En effet, à mesure que les salaires réels progressent, les entreprises vont se séparer d'employés. Finalement, l'inflation aura progressé tandis que l'emploi et l'activité seront revenus à leur niveau initial. Le raisonnement repose sur trois éléments clés : l'évolution du salaire réel, l'importance des anticipations (le comportement d'adaptation des travailleurs comme leur capacité à obtenir des hausses de salaires) et l'existence d'un taux de chômage naturel.

Ces éléments sont largement repris aujourd'hui par l'analyse macroéconomique dominante et influencent la manière dont sont menées les politiques monétaires. Ainsi, le taux de chômage naturel, que Friedman définit comme le taux de chômage dont on ne peut durablement s'éloigner, fait écho aujourd'hui au NAIRU. Il y aurait donc un niveau de chômage naturel qui permet de maintenir la stabilité des prix et l'équilibre macroéconomique ! Cette foi dans les capacités naturelles de l'économie à tendre vers l'équilibre de plein-emploi[59] conduit à affirmer qu'à long terme la politique économique ne peut réduire le taux de chômage naturel. Les variations du taux d'inflation de court terme sont provoquées par des écarts entre le taux de chômage observé et le taux de chômage naturel. Si le premier est inférieur au second, l'inflation augmente et il est vain de chercher par une politique économique expansionniste (que ce soit par la politique budgétaire comme par la politique monétaire) à maintenir le chômage à un niveau inférieur à son niveau « naturel ». Cela ne ferait qu'alimenter encore plus l'inflation.

59. Selon Friedman, le chômage naturel serait limité au chômage de « friction », c'est-à-dire celui qui s'écoule entre deux emplois successifs. Il représente de ce fait un niveau de chômage incompressible, caractéristique du plein-emploi.

L'interprétation friedmanienne de la relation de Phillips a fait l'objet de nombreuses critiques. Les économistes post-keynésiens montrent que les travailleurs ne sont pas toujours en mesure d'obtenir des augmentations de salaires nominaux qui suivent le rythme de la hausse des prix. Ils rejettent l'idée même de l'existence d'un taux de chômage « naturel » qui résulterait du fonctionnement harmonieux de l'économie. Au contraire, l'économie produit naturellement de l'instabilité et du chômage, contre lesquels l'intervention publique est nécessaire. La relation de Phillips est aussi invalidée par l'observation, qui ne permet pas d'affirmer qu'il existerait une relation systématiquement décroissante entre le chômage et l'inflation. Cela ne signifie pas qu'il n'y a jamais de lien entre le niveau du chômage et la hausse des prix, mais que d'autres facteurs expliquent leur évolution.

La vigueur du débat à propos de la relation de Phillips vient du fait que cet arbitrage entre inflation et chômage, quand il est possible, exprime un choix de société, car ces deux maux ne touchent pas les mêmes catégories de personnes. L'inflation nuit plus aux riches épargnants qu'aux salariés tant que ceux-ci sont en mesure d'obtenir une indexation de leur salaire – ce qui était le cas dans les années 1970, mais ne l'est plus actuellement. Le chômage, quant à lui, frappe bien davantage les plus pauvres, souvent moins bien formés que les riches éduqués qui peuvent plus facilement retrouver un emploi. Il permet aussi aux entrepreneurs de faire pression sur les salaires.

La relation de Phillips est aussi accusée de n'être qu'une fiction qui, pendant des décennies, a alimenté le récit de la politique macroéconomique, bien qu'il soit impossible d'en démontrer la régularité empirique. Ainsi, au moment de la bulle Internet de la fin des années 1990, le taux de chômage diminue aux États-Unis, sans donner lieu à une quelconque tension inflationniste. La forte augmentation du chômage qui accompagne la crise financière de 2007-2008 ne se traduit pas par la déflation, tandis que la relance de Donald Trump entre 2017 et 2020 n'est pas suivie par une reprise de l'inflation.

La hausse des taux d'intérêt : une mauvaise réponse due à un diagnostic erroné

Face à l'épisode inflationniste que nous connaissons depuis la fin 2021, les banquiers centraux ont décidé de relever leurs taux d'intérêt directeurs. Ce faisant, ils s'inscrivent dans les pas de la relation de Phillips selon laquelle il est impossible d'obtenir simultanément le plein-emploi et la stabilité des prix, tout en reprenant de Friedman l'idée que la lutte contre l'inflation est un objectif prioritaire. Ce que visent les banquiers centraux avec la hausse des taux d'intérêt est un renchérissement du coût du crédit, donc un ralentissement de la demande des ménages et des entreprises, c'est-à-dire une augmentation du chômage. Jerome Powell, le président de la Fed – la banque centrale des États-Unis –, l'a d'ailleurs reconnu le 21 septembre 2022 lors d'une conférence de presse : « Nous avons besoin d'une augmentation du chômage, d'un ralentissement du marché [du travail][60] » pour lutter contre l'inflation.

C'est donc par le ralentissement économique et le chômage que la politique monétaire entend combattre l'inflation, ce que les prévisions du Fonds monétaire international (FMI) confirmaient fin 2022 : « le ralentissement de 2023 sera

60. Frédéric Bianchi, Jerome Powell (Fed) : « "Nous avons besoin d'une augmentation du chômage" pour lutter contre l'inflation », *BFM* [en ligne], 21 septembre 2022. https://www.bfmtv.com/economie/jerome-powell-fed-nous-avons-besoin-d-une-augmentation-du-chomage-pour-lutter-contre-l-inflation_AD-202209210670.html.

généralisé, des pays représentant environ un tiers de l'économie mondiale devant enregistrer une contraction de leur activité économique cette année ou l'année prochaine. La croissance dans les trois plus grandes puissances économiques, les États-Unis, la Chine et la zone euro, restera au point mort. De façon générale, les chocs de cette année vont rouvrir les blessures dont souffrait l'économie, qui ne s'étaient que partiellement cicatrisées après la pandémie. En somme, le pire reste à venir et pour beaucoup, 2023 aura l'effet d'une récession[61] ». De son côté, la Conférence des Nations unies sur le commerce et le développement (CNUCED) mettait en garde les banques centrales contre « un pari imprudent » de hausse des taux qui renchérirait le dollar et appauvrirait les pays en développement, plus encore qu'à la suite de la crise de 2008[62].

Les réformes « sociales » menées par les gouvernements d'Élisabeth Borne et de Gabriel Attal entendent casser l'inflation par la « modération salariale ». Ainsi, ces gouvernements s'opposent aux hausses de salaires auxquelles ils préfèrent l'octroi de primes ou de chèques ponctuels. En réduisant les indemnités perçues par les chômeurs, la réforme de l'assurance chômage les contraint à accepter des emplois peu payés. La « réforme » des retraites de 2023 a quant à elle pour objectif de faire travailler les gens plus longtemps et, sous couvert d'augmenter l'emploi des séniors, vise à instaurer une plus grande concurrence sur le marché de l'emploi, donc à exercer une pression à la baisse sur les salaires.

61. Pierre-Olivier Gourinchas, « Alors que l'horizon s'assombrit, les décideurs doivent garder le cap », *IMF Blog*, 11 octobre 2022. https://www.imf.org/fr/Blogs/Articles/2022/10/11/policymakers-need-steady-hand-as-storm-clouds-gather-over-global-economy.

62. Cnuced, *Trade and Development Report. Development Prospects in a Fractured World : Global Disorder and Regional Responses*, Nations unies, 2022. Disponible à l'adresse Internet : https://unctad.org/system/files/official-document/tdr2022_en.pdf.

Au fond, ces solutions sont justifiées par la thèse selon laquelle l'inflation est causée par l'excès de la demande de produits relativement à l'offre disponible. Mais le fait que le revenu réel des ménages baisse en Europe, et plus largement dans les pays de l'Organisation de coopération et de développement économiques (OCDE), montre bien que l'économie ne fait pas face à une demande excédentaire[63]. Si déséquilibre il y a entre l'offre et la demande, il provient de l'insuffisance de l'offre, due aux pénuries et aux ruptures dans les chaînes d'approvisionnement. En effet, la crise sanitaire – renforcée par la guerre en Ukraine – a entraîné des hausses de prix dans les secteurs où les ruptures des chaînes d'approvisionnement ont été les plus importantes. Si les plans de relance massifs aux États-Unis ont pu avoir un impact positif sur la demande[64], la situation est différente en Europe, car l'Union européenne a été beaucoup moins ambitieuse en matière de soutien à l'économie, en particulier en direction des ménages.

Au final, la lutte contre l'inflation par la hausse des taux d'intérêt est contreproductive et traduit un aveuglement idéologique[65], à moins qu'elle ne serve la défense bien comprise des intérêts d'une minorité privilégiée, car l'inflation, comme

63. Le revenu réel des ménages par tête a baissé de 0,2 % dans l'OCDE au troisième trimestre 2023, après une légère reprise qui avait elle-même suivi une baisse entre la fin 2021 et la mi-2022. Il a diminué de 0,1 % en France, de 0,6 % en Allemagne (le PIB réel par habitant baissant pour le quatrième trimestre consécutif) et de 0,3 % aux États-Unis. Voir OCDE, « Communiqué de presse statistique. Croissance et bien-être économique », 8 février 2024. https://www.oecd.org/fr/sdd/cn/Growth-and-economic-well-being-oecd-Q3-2023-Fr.pdf.

64. Cet impact a été limité, car en réalité les transferts d'argent aux ménages ont surtout compensé la faiblesse des dispositifs d'assurance chômage, dans un contexte où le taux de chômage étatsunien est monté à 14,7 % en avril 2020.

65. Voir le discours de Christine Lagarde, présidente de la BCE, lors de la session plénière du Parlement européen le 26 février 2024. https://www.ecb.europa.eu/press/key/date/2024/html/ecb.sp240226~5a6908b66e. en.html.

nous le verrons dans le chapitre suivant, est une question de répartition de la richesse, c'est-à-dire le produit d'un rapport social. Dans ce cadre, la hausse des taux d'intérêt apparaît comme le moyen de protéger l'épargne des plus riches, donc de renforcer le pouvoir des détenteurs de capitaux.

FICHE TECHNIQUE

La théorie quantitative de la monnaie et l'équation des échanges d'Irving Fisher

Selon cette approche, il existe une relation entre la quantité de monnaie en circulation (la masse monétaire) et le niveau général des prix. Cette relation a reçu, en 1911, une formulation algébrique simple dans la très célèbre *équation des échanges* d'Irving Fisher. Cette « équation » relie quatre grandeurs :

– M : masse monétaire, c'est-à-dire la quantité de monnaie en circulation dans l'économie ;

– V : vitesse de circulation de la monnaie, à savoir le nombre moyen de transactions unitaires financées par une même unité de monnaie au cours d'une période de temps donnée ;

– P : niveau général (ou moyen) des prix ;

– T : volume des transactions effectuées dans la période.

On constate que P × T est la valeur des transactions de la période, tandis que M × V est le total des transactions financées dans la période par toutes les unités monétaires en circulation. P × T et M × V désignent donc la même chose, ce qui conduit à obtenir l'identité suivante que l'on appelle, de manière un peu abusive, équation des échanges :

$$M \times V = P \times T$$

Cette identité n'est toutefois valable que dans le cadre bien précis où la monnaie n'est qu'un simple intermédiaire des échanges. Dans ce cas, toute la monnaie disponible est utilisée à l'achat des biens et services produits : M × V et P × T sont donc identiques. Mais, que l'on intègre la fonction de réserve de valeur de la monnaie dans le raisonnement – c'est-à-dire qu'une partie de la monnaie est thésaurisée et ne sert pas à réaliser des transactions – et l'identité est immédiatement invalidée.

À partir de cette « équation », en tout cas, on passe à la *théorie quantitative de la monnaie*, c'est-à-dire à l'explication monétaire de la hausse des prix, en supposant, comme le fait Fisher, que les deux grandeurs V et T sont stables à court terme. La constance de V s'explique par le fait que les habitudes de paiement ne se modifient que lentement et peuvent donc être considérées comme stables à court terme. Il est à noter que la stabilité de T suppose que soit réalisé le plein-emploi des facteurs de production, et en particulier celui de la main-d'œuvre, ce qui signifie un niveau de production maximal dans la période. Sous cette hypothèse de V et T stables, toute augmentation de la masse monétaire M se traduit par une augmentation proportionnelle du niveau des prix P.

Telle est l'essence de la théorie quantitative. Par la suite, Milton Friedman et les monétaristes vont juger qu'un accroissement de la masse monétaire qui excède celui de la production est la cause principale, sinon unique, de l'inflation. La politique monétariste est ainsi devenue la plus affirmée des politiques monétaires « quantitativistes ». Selon ces politiques de lutte contre l'inflation, il s'agit de limiter la progression de la masse monétaire à un taux compatible avec la hausse maximale des prix souhaitée. Pour ce faire, il faut renchérir le coût du crédit, qui est à l'origine de la création monétaire, en augmentant les taux d'intérêt. La banque centrale, qui doit être indépendante du pouvoir politique, est seule capable d'appliquer la règle monétariste de croissance de la masse monétaire en agissant sur les taux d'intérêt.

CHAPITRE 4

L'inflation est une bataille politique

RAPPORTS SOCIAUX
ET CONFLIT DE RÉPARTITION DES REVENUS

Les causes apparentes de l'inflation sont multiples, et certaines ont déjà été mentionnées précédemment. Mais, dans ce chapitre, nous allons montrer que, derrière les éléments déclencheurs d'une hausse des prix, la manière dont est géré le choc inflationniste est politique et dépend des rapports sociaux existants. L'inflation est en fait la conséquence de conflits concernant la répartition du revenu global généré dans l'économie. Ces conflits impliquent différentes catégories d'agents économiques intervenant dans les processus de production et de distribution des biens et services qui, en cherchant à obtenir une plus grande part du « gâteau » économique, peuvent être à l'origine de l'inflation. Nous verrons en effet que, lorsque chaque acteur s'efforce de restaurer ou d'améliorer sa part du revenu national, il peut s'ensuivre une réaction en chaîne : hausse des prix – hausse des salaires – hausse des prix, etc.

Comment les prix sont déterminés et pourquoi ils varient

Les prix sont fixés par les agents producteurs que sont les entreprises et les États. Dans le cas de marchés concurrentiels, ils tendent à s'établir au niveau qui équilibre la demande et l'offre du bien ou du service concerné (certaines matières premières ou produits agricoles, les actifs financiers, etc.). En revanche, lorsque les entreprises ont un « pouvoir de marché » qui leur confère une position dominante, celles-ci peuvent imposer le prix des biens ou des services qu'elles vendent (industries du secteur de l'agroalimentaire, du transport maritime, du raffinage des matières premières, etc.).

Les prix ne sont pas toujours parfaitement flexibles ou déterminés librement. Certains d'entre eux peuvent être administrés ou contrôlés par l'État. En France, c'est le cas des médicaments, de certains actes médicaux dont le tarif est conventionné, des livres, des actes notariaux, etc. À l'inverse, des prix autrefois contrôlés ne le sont plus aujourd'hui (le prix du billet de train par exemple).

Plusieurs causes directes et apparentes sont à l'origine de l'inflation. La hausse des prix peut être engendrée par l'excès de la demande de produits relativement à l'offre disponible. Cela peut concerner un marché spécifique ou l'ensemble de l'économie si, par exemple, la demande générale est trop stimulée par une politique budgétaire ou par une offre de crédit bancaire trop généreuse. Mais l'excès de demande peut aussi résulter d'une offre insuffisante, due notamment à la pénurie de certains produits.

L'inflation peut aussi être déclenchée par la hausse des coûts de production des entreprises. C'est le cas lorsque les salaires augmentent plus vite que la productivité (le coût salarial par unité produite augmente). Une autre source récurrente « d'inflation par les coûts » est la hausse du coût des matières premières (chocs pétroliers des années 1970). Dans ce cas, on va parler d'inflation importée. La hausse des coûts se répercute sur les prix de vente.

Les conflits sociaux au cœur du processus inflationniste

Ces facteurs apparents d'inflation masquent des causes plus profondes, qui sont à chercher au cœur des relations économiques et sociales. Autrement dit, l'inflation est la conséquence de phénomènes conflictuels. Si, pour Milton Friedman, l'inflation est « toujours et partout un phénomène monétaire », elle est en fait toujours et partout l'expression des rapports sociaux inhérents aux processus de production, de distribution et de consommation.

Dès lors que l'inflation est la traduction de tensions sociales quant à la répartition du revenu, une politique anti-inflation durablement efficace suppose de prendre parti dans les conflits sociaux afin de favoriser une répartition des revenus qui limite la hausse des prix. À l'inverse, un gouvernement plus tolérant vis-à-vis de l'inflation ne s'opposera pas forcément aux groupes sociaux responsables de celle-ci, ou en fera supporter le coût à d'autres groupes sociaux.

Au-delà de chocs exogènes de court terme (une augmentation brutale et soudaine des coûts des importations par exemple), l'inflation est bien le produit d'une bataille politique, car la manière d'exprimer les revendications relatives à la répartition du revenu sont largement dépendantes du cadre institutionnel et légal dans lequel évoluent les différentes catégories d'agents économiques : quelles sont les normes, règlements ou lois qui encadrent la façon dont les prix sont fixés ? Les entreprises sont-elles protégées de concurrents étrangers qui n'auraient pas à subir les mêmes normes ? Du côté des travailleurs, existe-t-il des règles spécifiques concernant les négociations salariales ? Y a-t-il des dispositifs qui permettent aux salaires d'être indexés sur l'inflation ou en fonction des gains de productivité ? Les travailleurs ont-ils des représentants dans les instances dirigeantes de l'entreprise ? Existe-t-il des dispositifs d'assurance chômage ? La dynamique des prix dépend des réponses à ces questions.

Quatre catégories d'acteurs économiques ont un impact sur la hausse des prix, au travers du rôle qu'elles jouent dans les rapports sociaux.

L'inflation peut tout d'abord être favorisée par l'action des actionnaires et des dirigeants des entreprises. C'est le cas lorsque la demande vient à excéder les capacités de production des entreprises, comme en 2021 : en raison de la rupture de chaînes internationales de production et d'approvisionnement, de nombreux secteurs n'ont alors pu répondre à une demande qui redémarrait. Les entreprises ayant un fort « pouvoir de marché » peuvent relever leurs prix (et leurs profits) sans redouter un recul de leurs parts de marché. La hausse des prix sera d'autant plus importante que ces entreprises ont une position dominante. C'est ce qui a permis au secteur du transport maritime, par exemple, de fortement augmenter ses prix au cours de l'année 2022.

L'inflation peut aussi être causée par les travailleurs lorsqu'ils réclament et obtiennent des salaires plus élevés, en raison d'un rapport de force favorable parce que le chômage est faible. La progression des salaires entraîne une hausse des coûts que les entreprises cherchent à répercuter sur les prix afin de maintenir leurs marges. À l'inverse, un chômage élevé renforce le pouvoir des entrepreneurs et limite, ou même empêche, l'augmentation des salaires. Par ailleurs, la manière dont l'activité syndicale est reconnue et réglementée a un impact sur la façon dont les revendications salariales s'expriment. De même, le niveau de protection accordé par le droit du travail influence la capacité de négociation des travailleurs, qui sera d'autant plus grande qu'il existe des mécanismes protecteurs d'assurance-chômage.

Au contraire, les réformes visant à « assouplir » le droit du travail, à libéraliser le fonctionnement du marché de l'emploi ou à fragiliser la situation des chômeurs affaiblissent le pouvoir de négociation des travailleurs – via des réformes de l'assurance-chômage organisant la baisse de la durée comme du montant des indemnisations tout en exigeant toujours plus de contreparties de la part des chômeurs pour continuer à percevoir leurs indemnités. La libéralisation des échanges à l'échelle planétaire, qui met en concurrence des travailleurs aux niveaux de rémunération différents, participe aussi de cet affaiblissement. Ce faisant, ces mesures apparaissent comme étant désinflationnistes.

L'État peut également avoir un impact sur le niveau des prix, en particulier quand il décide d'accroître la pression fiscale. Les entreprises comme les travailleurs vont chercher à compenser l'effet des hausses d'impôt, en augmentant les prix pour les premières et en demandant des hausses de salaires pour les seconds, ce qui est source d'inflation.

Enfin, l'inflation peut avoir des causes extérieures. C'est particulièrement le cas pour des économies largement ouvertes aux importations, plus vulnérables aux chocs de prix qui surviennent dans le reste du monde. Ainsi en est-il de la flambée du prix du baril lors des deux chocs pétroliers des années 1970, qui a entraîné une forte hausse des coûts de production que les entreprises ont répercutée sur leurs prix de vente, alimentant une inflation « importée ». Le même phénomène s'est produit en 2022 quand le prix du gaz naturel a fortement augmenté en raison de la guerre déclenchée par la Russie en Ukraine. Plus globalement, la hausse des cours mondiaux des produits importés entraîne un accroissement des coûts qui nourrit l'inflation.

Ces conflits sociaux modifient la répartition des revenus dans l'économie. Dans les années 1970, forts d'un rapport de force qui leur était plus favorable, les travailleurs ont pu obtenir des hausses de salaires qui, en contrepartie, ont pesé sur la rentabilité des entreprises qui ont vu leurs profits chuter – car les salaires augmentaient plus vite que les prix. La situation est très différente aujourd'hui puisque le rapport de force s'est inversé.

Des rapports conflictuels omniprésents… mais pas toujours source d'inflation

Le conflit est inhérent à toute société. Son expression est indissociable de l'organisation de nos modes de production, d'échange et de consommation. Il est donc toujours présent, car il oppose des groupes sociaux ayant des intérêts divergents : les entreprises cherchent à maximiser leurs profits tandis que les travailleurs tentent d'obtenir des salaires plus élevés[66]. Le conflit peut aussi s'observer entre entreprises : les intérêts des producteurs peuvent être divergents de ceux des distributeurs, comme dans le secteur de l'alimentation où le rapport de force favorise l'industrie agroalimentaire et la grande distribution, au détriment des agriculteurs ; ceux des donneurs d'ordre et des sous-traitants diffèrent aussi. Le conflit peut aussi opposer les travailleurs entre eux, notamment quand l'évolution des salaires des cadres dans les entreprises s'écarte de celle des employés et des ouvriers.

66. Bien sûr, des entreprises peuvent avoir des objectifs qui ne sont pas uniquement dictés par la recherche du profit. C'est le cas en particulier des entreprises du secteur de l'économie sociale et solidaire, qui prennent notamment la forme juridique de société coopérative de production (SCOP). De la même manière, certains travailleurs peuvent être très attentifs à la qualité des conditions de travail, au sens large, avant de rechercher à tout prix la rémunération la plus élevée.

Notons toutefois que, dans le conflit qui oppose les entreprises aux salariés, les premières ont un plus grand pouvoir d'action sur les salaires, et donc sur les prix. Cette asymétrie favorable aux entreprises, comme le fait que la part des salaires dans la valeur ajoutée soit actuellement historiquement faible, devrait inciter l'État à favoriser la progression de la rémunération du travail afin de protéger le pouvoir d'achat et de soutenir la demande de biens et services au lieu de prôner une modération salariale qui pénalise les ménages et limite les débouchés des entreprises.

L'existence de conflits de répartition ne se traduit cependant pas toujours par une hausse généralisée des prix. Lorsque le chômage est important, quand la concurrence internationale est forte ou quand les entreprises peinent à écouler leur production parce que l'activité économique est atone, les prix n'augmentent pas ou peu, voire diminuent[67].

La construction européenne a largement favorisé la désinflation, en particulier à partir de la signature de l'Acte unique européen (1986) qui organise la mise en place du marché unique européen en 1993 et ouvre la voie à une concurrence internationale accrue. La libéralisation économique et financière a bouleversé les processus de production. C'est à cette période que la France s'est fortement désindustrialisée, entraînant un accroissement du chômage[68] et dégradant la situation des travailleurs, matérialisée par la baisse de la part des salaires dans la valeur ajoutée des sociétés non financières (les entreprises).

67. Souvenons-nous par exemple de la situation ahurissante observée en avril 2020, en pleine crise du Covid-19 : pendant quelques jours, le baril de pétrole a eu un prix négatif parce qu'on ne savait plus où stocker les quantités extraites et que les producteurs ne pouvaient pas stopper net la production alors que la demande chutait brutalement.

68. Cet épisode est très bien expliqué dans le roman graphique de Benoît Collombat et Damien Cuvillier, *Le Choix du chômage*, Paris, Futuropolis, 2021.

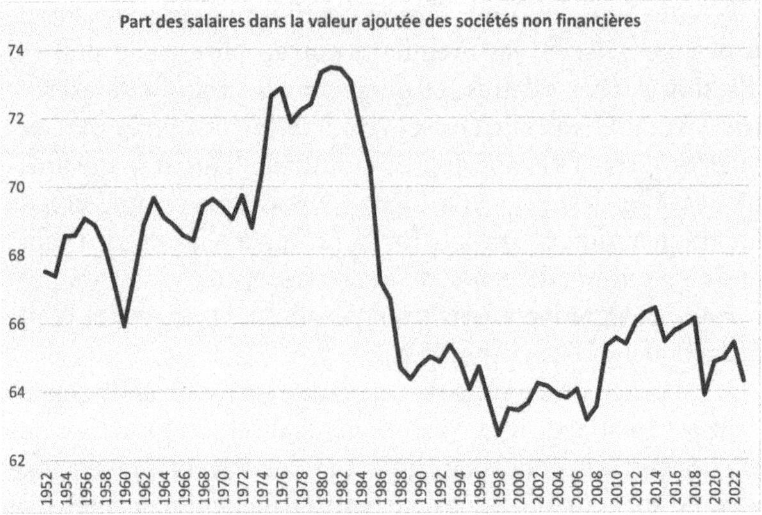

SOURCE : Insee, comptes nationaux (base 2014).
LECTURE : en 1970, la part des salaires dans la valeur ajoutée des sociétés non financières est de 69,4 %. Le graphique révèle que les années 1980 ont été marquées par une importante baisse de la part des salaires (de près de 10 points). La progression observée de 2008 à 2010 est typique de ce qu'il se passe lors des récessions (où les salaires ralentissent moins vite que l'activité économique).

C'est pourtant la hausse des salaires qui est régulièrement mise en avant comme cause de l'inflation. Les institutions monétaires ne cessent d'appeler à la modération salariale afin d'éviter une spirale prix-salaires qui pourrait devenir incontrôlable. C'est d'ailleurs en utilisant cet argument qu'Emmanuel Macron a justifié, en septembre 2023, son refus de voir les salaires être indexés sur l'inflation. Le Fonds monétaire international (FMI) a pourtant récemment reconnu que l'existence d'une boucle prix-salaires est très rare (3 cas repérés dans l'économie mondiale sur 22 épisodes inflationnistes)[69] ; et, quand elle existe, ses effets s'épuisent rapidement. On

69. FMI, *World Economic Outlook*, 2022.

observe en revanche des cas plus fréquents d'inflation importée ou causée par l'augmentation des taux de marge des entreprises (caractéristique d'une boucle prix-profit). La hausse des salaires ne peut donc absolument pas être vue comme la cause la plus fréquente des épisodes inflationnistes.

Pourquoi la baisse des gains de productivité du travail alimente l'inflation

Quand le taux de profit général de l'économie est élevé et que la demande est soutenue, un climat de confiance s'installe, qui alimente une forte croissance de l'investissement qui elle-même entraîne de forts gains de productivité du travail : pour une quantité de travail donné, on produit davantage de biens et services. Autrement dit, le ratio entre la valeur ajoutée en « volume » (qui neutralise l'effet de l'évolution des prix) et les heures de travail augmente. De forts gains de productivité n'éteignent pas le conflit de répartition, mais le rendent moins saillant : la taille du « gâteau économique » s'agrandit, ce qui permet aux entreprises et aux travailleurs de voir leur revenu réel progresser. Ainsi, les entreprises n'ont pas besoin d'augmenter leurs prix pour voir leurs profits réels croître. Le capitalisme occidental était dans cette configuration au cours des années 1950 et 1960 : de forts gains de productivité, une inflation contenue, et une progression des profits et des salaires réels.

En revanche, quand les gains de productivité ralentissent, la lutte pour le partage d'une valeur ajoutée qui croît moins vite, voire qui se réduit, devient plus forte, et le conflit de répartition tend à se traduire par une inflation plus importante. Partons d'un exemple simple pour comprendre pourquoi le ralentissement des gains de productivité, ou plus encore leur baisse, est source d'inflation. Imaginons une économie fictive où 100 unités de biens valant 2 euros sont produites (sans intrants) par 100 travailleurs payés 1 euro. La valeur ajoutée est de 200 euros, se partageant en 100 euros de salaire et 100 euros de profits. Supposons que la productivité baisse à la période suivante : les 100 travailleurs ne produisent plus que 80 unités de biens. Si les prix et les salaires restent inchangés, la valeur ajoutée tombe à 160 euros (80 × 2 euros) et les profits à 60 euros (160 euros de valeur ajoutée moins 100 euros de salaire). Pour maintenir leurs marges (à 100 euros), les capitalistes doivent augmenter les prix de 25 %. Alors, les 80 unités de biens sont vendues 200 euros (2,50 euros l'unité). La part des profits dans la valeur ajoutée n'a pas changé (50 %), mais les salaires réels ont baissé, puisque, avec leurs 100 euros, les salariés ne peuvent plus acheter que 40 unités de biens (contre 50 auparavant).

Plusieurs enseignements peuvent être tirés de cet exemple. Quand la productivité du travail baisse, les entreprises ont besoin d'augmenter les prix, tout en bloquant les salaires nominaux, pour simplement maintenir leur taux de marge (la part des profits dans la valeur ajoutée). Le simple maintien des salaires réels implique une baisse du taux de marge.

Depuis 2021, les économistes évoquent une croissance du « coût salarial unitaire[70] » pour expliquer la hausse de l'inflation. Cela peut laisser croire que la croissance des salaires est à l'origine de la hausse des prix. On constate au contraire que, si le coût salarial unitaire a progressé, ce n'est pas tant à cause de la hausse du salaire horaire… qu'en raison de la baisse de la productivité du travail !

70. Le coût salarial unitaire rapporte le salaire horaire à la productivité horaire.

Comment la baisse des gains de productivité du travail a alimenté l'inflation depuis la fin de la Seconde Guerre mondiale

Depuis la fin de la Seconde Guerre mondiale, on observe une forte corrélation négative entre les gains de productivité du travail et le niveau de l'inflation. Bien sûr, cette corrélation n'est pas parfaite car d'autres facteurs interviennent dans le processus inflationniste, comme l'intensité des conflits sociaux ou des chocs « exogènes », telle une hausse subite du prix des importations (pétrole, matières premières, etc.). Les politiques publiques peuvent aussi avoir un impact sur l'inflation. Mais la baisse des gains de productivité est une cause structurelle, profonde, de l'inflation. Elle exprime les difficultés du système économique capitaliste, qui ne parvient plus à régler le conflit de répartition avec une relative stabilité des prix.

De la sortie de la Seconde Guerre mondiale jusqu'à la fin des années 1960, les gains de productivité ont été très importants et tendanciellement croissants. Un partage relativement stable de la valeur ajoutée entre salaires et profits a permis une croissance soutenue, tant des salaires réels que des profits réels. Le taux d'inflation était maintenu sous les 5 % bien que les économies soient proches du plein-emploi. Ces forts gains de productivité ont donc permis aux entreprises de maintenir leurs profits, sans que les prix s'envolent pour compenser les hausses de salaires.

La situation change au début des années 1970 : les gains de productivité baissent (« crise du fordisme »), ce qui accroît les coûts de production et dope l'inflation. C'est l'épisode de la « stagflation », où coexistent forte inflation et faible croissance jusqu'au début des années 1980. L'inflation est également alimentée par les conflits sociaux qui se multiplient dans ce contexte de baisse des gains de productivité.

À partir du milieu des années 1980, les politiques néolibérales de blocage des salaires parviennent à faire refluer l'inflation. Les gains de productivité restent globalement stationnaires des années 1990 jusqu'à la crise de 2008. Ils baissent logiquement lors du pic de la crise, mais demeurent depuis durablement orientés à la baisse. Il n'y a pourtant pas eu d'inflation au cours des années 2010, car les entreprises ont pu augmenter leurs profits après impôts et subventions sans augmenter leurs prix grâce au soutien sans précédent des gouvernements (en premier lieu grâce au crédit d'impôt pour la compétitivité et l'emploi – CICE – en France). Autrement dit, c'est l'activisme des pouvoirs publics pour soutenir les profits qui a contenu les pressions inflationnistes induites par le ralentissement des gains de productivité. Mais ces politiques ont leurs limites, et le ralentissement des gains de productivité s'est transformé, depuis 2021, en baisse de la productivité, un phénomène inédit depuis la Seconde Guerre mondiale qui coïncide avec l'envolée de l'inflation.

Entre début 2021 et fin 2023, la productivité horaire du travail a baissé d'environ 7 % en France. Sans inflation, les capitalistes auraient dû accepter une forte diminution de leur taux de marge. Ils ont réussi à l'éviter en faisant grimper les prix plus vite que les salaires. Si la hausse des prix ralentit en 2024, c'est surtout en raison du reflux de l'inflation sur l'énergie et l'alimentation. Mais l'inflation structurelle, notamment dans les services, se maintient à un niveau nettement plus élevé qu'avant la crise.

Comparaison de deux « stagflations » : les années 1970 et les années 2020

Le dernier épisode de forte inflation remonte, dans la plupart des pays occidentaux, aux années 1970. Les points communs avec la poussée inflationniste de 2021-2023 sont frappants, même si l'inflation était bien plus forte dans les années 1970 : hausse des prix du pétrole, ralentissement de la productivité, stagnation économique. Dans les deux cas, les ressorts de l'inflation ne se limitent pas à un choc « exogène » sur les prix des biens importés. Les difficultés de l'économie, matérialisées par la baisse des gains de productivité, permettent de comprendre la persistance de l'inflation, au-delà de chocs ponctuels.

Mais il y a aussi une différence notable : en France, entre 1974 et 1982, les salaires moyens ont toujours progressé plus vite que les prix. Les clauses d'indexation des conventions collectives et l'intensité des luttes sociales ont permis de maintenir une progression du salaire réel, certes à un rythme plus faible qu'antérieurement, mais supérieure aux gains de productivité. On notera également que les très fortes hausses de salaires obtenues après Mai 68 ne se sont pas traduites par une accélération de l'inflation, entraînant ainsi d'importantes augmentations des salaires réels. Il n'y a pas de loi naturelle reliant prix et salaires.

En revanche, depuis 2021, les salaires moyens progressent moins vite que les prix. Le conflit de répartition trouve une issue opposée à celle des années 1970 : dans un cas, les travailleurs ont été les gagnants (avant la contre-offensive néolibérale des années 1980), alors qu'aujourd'hui ils sont clairement les perdants.

Pourquoi l'inflation pourrait persister dans les années qui viennent

La baisse récente de la productivité s'explique en partie par des facteurs conjoncturels. D'une part, la pandémie du Covid et les tensions géopolitiques ont perturbé les chaînes d'approvisionnement, notamment en biens intermédiaires comme les semi-conducteurs. D'autre part, une grande partie des créations d'emploi depuis 2019 relève de l'apprentissage et de l'autoentrepreneuriat, c'est-à-dire d'emplois très peu productifs. En effet, l'apprentissage représente environ un tiers des emplois créés entre fin 2019 et mi-2023. En 2022, 20 milliards d'euros d'argent public ont été consacrés à l'apprentissage, avec des subventions prenant en charge 100 % du salaire des apprentis de moins de 21 ans, et 80 % du salaire des apprentis de 21 à 25 ans. Le nombre d'apprentis a bondi d'environ 350 000 avant la crise sanitaire à près d'un million début 2024. De plus, la création d'emplois non salariés (quasiment intégralement des microentrepreneurs) représente un quart des créations d'emplois totales entre 2020 et 2022. Environ la moitié des emplois créés depuis 2019 relève donc de ces emplois très atypiques et précaires. L'accroissement de la perte de sens et du mal-être au travail se traduit par une hausse des arrêts de travail qui affecte aussi la productivité par tête. On peut également mentionner que la très forte augmentation des subventions aux entreprises depuis le quinquennat Hollande a permis à celles-ci de garder leurs salariés même quand leur activité ralentissait, leur évitant le surcoût de rechercher de nouveaux salariés au redémarrage de leur activité.

Néanmoins, cette baisse récente de la productivité ne doit pas occulter la tendance observée depuis plusieurs décennies, connue sous le nom de stagnation séculaire. Des débats subsistent quant aux causes de cette tendance longue. La tertiarisation des économies (où les gains de productivité sont structurellement plus faibles que dans l'industrie) ou des investissements moins ciblés vers l'amélioration des processus productifs sont des facteurs d'explication possibles. Le ralentissement de l'investissement, et particulièrement de l'investissement net de l'amortissement du capital, est aussi un facteur explicatif. Il peut être dû au déficit structurel de la demande (explication keynésienne) ou vu comme la conséquence de la baisse tendancielle du taux de profit (explication marxiste). Dans le second cas, la fonction des crises est de purger le capital excédentaire, ce qui permet de redresser le taux de profit et de relancer l'accumulation du capital. Mais cela se fait au prix de beaucoup de faillites et d'une explosion du chômage et de la pauvreté, comme lors de la crise de 1929. C'est pourquoi les États et les banques centrales interviennent massivement depuis la fin de la Seconde Guerre mondiale pour éviter les faillites des grands groupes (notamment des banques « systémiques »), ce qui a pour effet de limiter l'ampleur des crises, mais également celle des reprises. Ce fut en particulier le cas après la crise de 2007-2008. Un capitalisme sous perfusion s'est ainsi mis en place, avec des gains de productivité tendanciellement de plus en plus faibles.

Dans un tel contexte, la progression des profits passe par le blocage, voire la réduction des salaires réels. Le recours à l'inflation est en ce sens un outil plus aisément mobilisable qu'une baisse des salaires nominaux.

CHAPITRE 5

Le chiffon rouge de l'inflation

LA PEUR MANIPULÉE AU SERVICE DE POLITIQUES INEFFICACES ET INAVOUABLES

Dans un dessin animé sur la stabilité des prix destiné aux écoles[71], la BCE représente l'inflation sous la forme d'un monstre qu'il faut éviter de nourrir par une politique monétaire trop dispendieuse qui le ferait grossir démesurément. En utilisant l'image du monstre, la BCE envoie un message clair : l'inflation est pour elle un danger qu'il est impératif de combattre. Elle justifie ainsi l'orientation de sa politique monétaire qui a pourtant montré ses limites. Le chiffon rouge de l'inflation est également agité afin de promouvoir une austérité budgétaire qui n'est que le paravent d'une action au service des détenteurs de capitaux et des plus fortunés, justifiée par une théorie erronée. L'inflation n'a pourtant pas que des effets négatifs et peut même avoir des vertus redistributives.

La peur de l'inflation aiguille la politique monétaire

La Banque centrale européenne est chargée par les traités européens d'assurer la stabilité des prix dans l'union économique et monétaire (la zone euro). Elle interprète ce mandat en se fixant une cible d'inflation : le taux d'inflation dans

71. https://www.ecb.europa.eu/ecb/educational/pricestab/html/index.fr.html.

la zone euro doit être proche de 2 % sur le moyen terme. Cibler un niveau d'inflation aussi faible est critiquable, car il peut conduire la BCE, en augmentant trop rapidement ou trop fortement ses taux d'intérêt directeurs, à adopter une politique monétaire excessivement restrictive qui freine l'activité économique.

La BCE alimente la peur de l'inflation en diffusant l'idée, qui semble de bon sens, selon laquelle la stabilité des prix assure la stabilité du pouvoir d'achat. Cela est vrai si les revenus sont pérennes et suivent l'évolution des prix. Mais, si la stabilité des prix s'accompagne d'un sous-emploi massif, les nombreux chômeurs voient leurs revenus et donc leur pouvoir d'achat diminuer.

Dans certains pays européens, notamment en Allemagne, la peur de l'inflation est particulièrement ancrée. Dans la mémoire collective allemande, l'hyperinflation du début des années 1920 reste associée à l'idée selon laquelle celle-ci aurait été provoquée par une banque centrale irresponsable émettant une quantité de monnaie bien trop importante. Ainsi, l'hyperinflation aurait été l'épisode décisif entraînant l'arrivée au pouvoir du nazisme. Pourtant, l'hyperinflation allemande est bien la conséquence du traité de Versailles, adopté en 1919, et des sommes exorbitantes qu'il demande à l'Allemagne au titre des réparations de guerre. Elle est aussi le fruit de violents conflits entre travailleurs et entrepreneurs concernant la répartition des revenus, et le résultat d'une instabilité politique qui dérègle le fonctionnement de toutes les institutions du pays, notamment la monnaie. Si la ruine des classes populaire et moyenne en raison de l'hyperinflation a pu y contribuer, l'arrivée des nazis au pouvoir est surtout et plus directement la conséquence de la dépression des années 1930. Cela dit, la crainte de l'inflation est demeurée par la suite particulièrement vivace en Allemagne, ce qui se traduit aujourd'hui dans l'orientation de la politique monétaire de la BCE. Celle-ci n'a en effet pas hésité à augmenter ses taux d'intérêt directeurs afin de maintenir une faible hausse des prix dans la zone euro, que ce soit sur la période 1999-2009 ou depuis 2022. Durant les années 2010, marquées par les conséquences de la crise financière de 2007-2008 et par la crise grecque, le risque était plutôt celui de la déflation, conduisant la BCE à adopter des politiques plus accommodantes au moyen de taux d'intérêt nuls – voire négatifs[72]. Cela n'a pas empêché l'Union européenne d'enregistrer de faibles taux de croissance et des performances économiques très en retrait de ce qu'on a pu observer sur la même période aux États-Unis par exemple.

En définitive, la politique monétaire fonctionne un peu comme la bride sur un âne. Si l'âne décide d'avancer et qu'il accélère, on parvient à le freiner en tirant sur la bride : si l'économie génère de l'inflation, on parvient à freiner celle-ci en brisant le dynamisme économique via une forte hausse des taux d'intérêt. Mais si l'âne ne veut pas avancer, on a beau relâcher la bride, il ne bougera pas tant qu'il ne changera pas d'avis : si l'économie stagne et que l'inflation est faible, une baisse des taux d'intérêt ne suffira pas à relancer l'économie. Il faut alors activer la politique budgétaire, mais ce levier est fortement contraint par les traités européens.

72. Entre 2010 et 2019, le taux de croissance annuel moyen de la zone euro est de 1,43 % (contre 2,24 % aux États-Unis) et le taux d'inflation moyen s'élève à 1,34 % (1,77 % aux États-Unis). Dans la zone euro, les années 2012 et 2013 (avec des taux de croissance du PIB respectifs de – 0,8 % et – 0,2 %) sont marquées par la récession. On observe aussi que l'inflation en 2014 et 2016 est très faible (+ 0,2 % pour ces deux années). Elle est même négative en 2015 (– 0,1 %), traduisant une légère déflation.

En finir avec la cible d'inflation à 2 %

La crise financière de 2007-2008 et la crise des dettes souveraines qu'elle a engendrée dans la zone euro entre 2010 et 2012 ont amené la BCE à modifier sa politique monétaire. À l'été 2012, Mario Draghi, alors président de la BCE, fait l'annonce suivante : « Dans le cadre de notre mandat, la BCE est prête à faire tout ce qu'il faudra pour préserver l'euro. Et, croyez-moi, ce sera suffisant. » Par ces mots, il indique clairement que la BCE interviendra sur le marché des titres de dette publique en cas de tension mettant en difficulté des pays membres de la zone. C'était le cas de la Grèce à ce moment-là, dont les marchés financiers craignaient qu'elle quitte la zone euro afin de pouvoir dévaluer sa monnaie par rapport à l'euro et relancer ainsi ses exportations et réduire ses importations. Si la Grèce avait agi ainsi, elle aurait dû faire défaut sur une grande partie de sa dette libellée en euros, qui aurait donc été largement irrécupérable par les créanciers. Cette crainte avait provoqué l'envolée des taux d'intérêt exigés par les créanciers qui continuaient à prêter à la Grèce. Mais ce mécanisme était insoutenable : le coût de l'endettement progressant, la Grèce était poussée au défaut de paiement ! Par son annonce en 2012, Draghi coupe donc court aux spéculations, rassure les marchés financiers et les taux d'intérêt peuvent alors diminuer. Ainsi, en contournant les règles des traités européens qui lui interdisent de financer directement les États[73], la BCE s'engage à racheter, si nécessaire, les titres de dette publique

73. Le refus d'un financement direct des États par la BCE est justifié par une lecture conservatrice de la politique économique selon laquelle un tel financement encouragerait les États à mener des politiques budgétaires laxistes et dépensières qui ne pourraient, selon le dogme monétariste (voir chapitre 3), qu'engendrer de l'inflation.

détenus par le secteur bancaire. Mise au pied du mur, la BCE a donc su adapter sa pratique en la rapprochant de celle des autres grandes banques centrales (Fed, Banque d'Angleterre, Banque du Japon, etc.).

Ce changement de politique monétaire n'a pas généré d'inflation, confirmant ainsi que l'inflation n'est pas la conséquence directe de la politique monétaire mais bien, comme nous l'avons montré dans le chapitre précédent, le résultat du conflit concernant la répartition des revenus. Il apparaît donc absolument nécessaire que les traités européens modifient la mission de la Banque centrale européenne. Son mandat ne devrait plus donner la priorité absolue à la stabilité des prix, mais devrait accorder plus de poids à l'objectif du plein-emploi et du financement de la bifurcation écologique.

Dans le cadre de son mandat actuel, la BCE pourrait déjà décider de modifier son objectif de stabilité des prix qui, jusqu'à l'été 2021, était défini comme une inflation de moyen terme proche de, mais inférieure à 2 %. Comme les banquiers centraux s'alarmaient d'un potentiel risque déflationniste[74], la BCE a depuis légèrement rehaussé sa cible en déclarant viser une inflation de 2 % sur le moyen terme. L'évolution est subtile : la BCE perçoit dorénavant les risques liés à une inflation supérieure à 2 %, mais également ceux liés à une inflation trop faible. Cette approche « symétrique » est aussi attestée par la communication de la BCE sur son site Internet. À côté du texte indiquant que « la mission de la BCE est de maintenir la stabilité des prix [... et que] le Conseil des gouverneurs a ainsi décidé de fixer l'objectif d'inflation à 2 % à moyen terme[75] » figure une image sur laquelle on aperçoit

74. Voir chapitre 1.
75. https://www.ecb.europa.eu/home/search/review/html/price-stability-objective.fr.html.

une super-héroïne avec une cape aux couleurs du drapeau européen, volant au-dessus d'une population urbaine paniquée à la vue de deux monstres géants, représentant respectivement l'inflation et la déflation, qui dévorent les immeubles. On devine que la super-héroïne, représentant la BCE, va s'attaquer aux monstres et les faire fuir.

Cette évolution montre que la BCE a pris conscience des risques déflationnistes. C'est heureux mais très largement insuffisant. La BCE devrait à la fois se doter d'autres objectifs prioritaires et relever son objectif d'inflation. Celui-ci est aujourd'hui incompatible avec des ajustements de prix pourtant indispensables : le prix de certains services – comme la livraison à domicile par exemple – devrait augmenter afin de permettre une rémunération correcte dans ces secteurs ; on peut aussi penser à la rémunération des travailleurs dits « de première ligne » (caissières, agents d'entretien, infirmières, éboueurs, etc.), à celle des agriculteurs ou, de manière générale, au nécessaire rattrapage des salaires des pays européens où ils sont les plus faibles. Or, en s'arcboutant sur l'objectif actuel, on favorise plutôt la stagnation, voire la diminution, de ces rémunérations. Cette logique est anachronique, car la période inflationniste que nous vivons actuellement révèle les limites – ou même les impasses – de nos modes de production et de consommation. Les conséquences du changement climatique nous imposent de les modifier en profondeur, ce qui sera source de coûts supplémentaires, donc potentiellement de hausses de prix. La politique monétaire doit accompagner cette transformation de nos économies, quand bien même cela se ferait au prix d'une inflation un peu plus élevée.

L'austérité budgétaire au service de la lutte contre l'inflation

Dans l'Union européenne, la lutte contre l'inflation est principalement menée au moyen de la politique monétaire, et la politique budgétaire est pensée comme une simple auxiliaire au service de cette dernière. La politique budgétaire repose sur un certain nombre de règles censées contraindre les États membres au « sérieux » budgétaire et empêcher des politiques laxistes supposément source d'inflation. C'est pour cela que le traité de Maastricht (1992) prévoit les deux règles suivantes : le déficit budgétaire doit être inférieur à 3 % du PIB, et l'endettement public ne doit pas dépasser 60 % du PIB. Ces contraintes ont été renforcées en 1997 dans le Pacte de stabilité et de croissance. Celui-ci impose à chaque pays membre de la zone euro de présenter tous les ans un programme de stabilité détaillant les mesures prises pour satisfaire aux critères de déficit et de dette. En février 2024, les États membres de l'Union européenne se sont accordés pour mettre en place de nouvelles règles budgétaires qui, sous couvert de permettre aux États de mieux se les « approprier » – en ayant recours à des trajectoires d'ajustement plus graduelles et différenciées –, demeurent très contraignantes et empêchent toute politique sérieuse en matière de bifurcation écologique.

Derrière cette façade faussement responsable de lutte contre l'inflation se cache une politique au service des « plus forts ». En effet, ce qui n'est jamais dit, c'est que la lutte contre l'inflation, telle qu'elle est envisagée ici, a pour objectif de préserver le capital, c'est-à-dire l'épargne des plus fortunés (entreprises ou ménages). L'idéologie qui sous-tend l'austérité budgétaire est que le financement de l'investissement productif, censé être la source de la création de richesses, doit se faire à partir de l'épargne accumulée. Le regretté Bernard Maris avait résumé cette logique à l'aide de la célèbre fable de Jean de La Fontaine, « La Cigale et la Fourmi[76] ».

L'Union européenne, se faisant fourmi, cherche à augmenter le stock d'épargne disponible dans l'économie, car, plus celui-ci est grand, plus il sera possible de financer un volume d'investissement important, qu'il soit public ou privé. Cette logique a pourtant été invalidée dès les années 1930 par l'économiste anglais John Maynard Keynes[77]. À partir du raisonnement de « bon sens » adopté par l'Union européenne – on ne peut dépenser que ce que l'on a préalablement gagné –, les politiques économiques sont mises au service de l'accumulation de l'épargne. L'épargne peut provenir des ménages qui ne consomment pas l'intégralité de leurs revenus ; elle peut également provenir des profits non distribués aux actionnaires et non réinvestis, ou de l'État lorsque celui-ci enregistre un excédent budgétaire. Elle peut enfin provenir de pays étrangers ayant un solde des échanges extérieurs positif

76. Bernard Maris, *Antimanuel d'économie*, Paris, Bréal, t. 1 : *Les Fourmis*, 2003 ; t. 2 : *Les Cigales*, 2006.

77. En effet, épargner nécessite d'avoir obtenu un revenu, qui lui-même ne peut provenir – directement ou indirectement – que d'une production, ayant elle-même nécessité un investissement. Dès lors, il est impossible, au niveau macroéconomique, que l'épargne puisse financer l'investissement. En économie, c'est donc la cigale (à condition qu'elle ait une activité productive) qui est dans le vrai : c'est la dépense d'investissement, financée par endettement, qui est génératrice de revenus pour d'autres entreprises – donc potentiellement de profit –, mais aussi pour les ménages qui pourront en consommer une partie et épargner le reste. Cette dépense d'investissement est déterminée par le niveau de production désiré (dont découle le niveau d'endettement requis), lui-même dépendant de différents facteurs : les perspectives de profit, les entreprises anticipant la demande de biens et services qu'elles pensent devoir satisfaire tandis que l'État anticipe les besoins collectifs à fournir ; et le degré de confiance en l'avenir. Voir Éric Berr, *L'Intégrisme économique*, Paris, Les Liens qui libèrent, 2017, p. 40-45.

et disposant de ressources à prêter aux pays se trouvant dans la situation inverse.

Dans ce cadre, promouvoir l'épargne des ménages suppose d'être bienveillant à l'égard des plus riches d'entre eux en allégeant leur fiscalité et en veillant à ce que leur épargne ne se déprécie pas (d'où la lutte contre l'inflation). Promouvoir l'épargne des entreprises suppose d'engager des politiques de compétitivité visant à abaisser leurs coûts (en réduisant la fiscalité qui pèse sur elles, par exemple) afin d'accroître leurs profits. Cela nécessite qu'elles puissent bénéficier de financements moins coûteux (via des marchés financiers libéralisés) et de règles plus souples (donc d'une moindre intervention de l'État dans leurs affaires, c'est-à-dire une limitation des normes, règlements, etc.). Promouvoir l'épargne publique doit conduire l'État à dégager un excédent budgétaire – ou à tout le moins à réduire son déficit –, ce qui suppose de mettre en place des politiques d'austérité reposant principalement sur une réduction des dépenses publiques. Enfin, attirer l'épargne étrangère implique de libéraliser l'économie et de la rendre attractive pour les capitaux étrangers (là encore par le biais de mesures fiscales favorables).

Ces politiques reposent assez largement sur une baisse de la fiscalité qui bénéficie aux classes sociales les plus aisées. Mais, comme l'austérité budgétaire est aussi appliquée pour lutter contre l'inflation, la baisse des recettes fiscales doit être compensée par une réduction des dépenses publiques plus importante encore si l'on veut réduire le déficit budgétaire. C'est comme cela que Bruno Le Maire, par exemple, justifie les attaques portées à la protection sociale (la réforme des retraites adoptée en 2023, qui abaisse le niveau des pensions, les réformes successives de l'assurance-chômage réduisant l'indemnisation des chômeurs, etc.) et les restrictions imposées aux services publics, qui vont fortement impacter les classes sociales les moins favorisées.

Les promoteurs de ces politiques destructrices tentent de nous convaincre du bien-fondé de celles-ci en cherchant à montrer que les cadeaux fiscaux aux plus riches bénéficient aux plus pauvres, conformément à la célèbre (mais fausse) « théorie du ruissellement ». Selon eux, baisser l'impôt des riches (ménages ou entreprises) accroît l'épargne qu'ils vont investir, stimulant ainsi la production et l'emploi, au plus grand bénéfice de tous. Ainsi, la richesse concentrée initialement dans les mains des plus riches ruissellerait progressivement et irriguerait l'ensemble de la société. Mais la réalité impitoyable a toujours et seulement montré que ce type de politique ne profite qu'à une petite minorité et non pas à la société dans son ensemble.

Par ailleurs, cette stratégie favorise les profits des (grandes) entreprises au détriment des salaires des ménages. Il est attendu que ces entreprises investissent leurs profits, ce qui devrait engendrer des embauches et permettre un rééquilibrage des richesses entre salaires et profits. En fait, depuis le début des années 1980, aucun ruissellement des profits vers les salaires n'a pu être mis en évidence, bien au contraire. En effet, la financiarisation croissante des économies a vu nombre d'entreprises privilégier les placements financiers – la spéculation – afin de dégager des profits fictifs de plus en plus décorrélés de l'économie réelle. Ce faisant, elles ont délaissé les investissements productifs. Cette recherche effrénée de profits toujours plus élevés s'est faite au détriment des salaires, conduisant les ménages appauvris à s'endetter plus. Ainsi, de fait, l'endettement des ménages finance les profits des entreprises ! La crise des *subprimes*, déclenchée en 2007, qui est principalement une crise de la dette des ménages américains, est une illustration flagrante d'un modèle clairement à bout de souffle.

L'inflation peut être limitée indépendamment de l'austérité budgétaire. C'est le cas lorsque l'innovation technique permet de réduire les coûts de production, et donc potentiellement les prix ; c'est aussi ce que nous avons constaté depuis les années 1980 avec la libéralisation croissante des échanges qui, en intensifiant la concurrence entre les pays les plus riches et ceux où le coût de la main-d'œuvre est beaucoup plus faible, a contribué à réduire l'inflation[78].

Vers une mondialisation inflationniste ?

L'inflation actuelle a été initiée par la reprise économique post-Covid à laquelle la production mondiale a mis du temps à répondre, en raison des nombreuses pénuries causées par la rupture des chaînes de valeur. Elle a été amplifiée par la hausse du prix des matières premières suite au déclenchement de la guerre en Ukraine et entretenue par la spirale prix-profits déclenchée par les secteurs de l'énergie, du transport et par l'industrie agroalimentaire[79]. La baisse de la productivité – caractéristique d'un capitalisme en crise – a également poussé les entreprises à augmenter leurs prix afin de préserver leur rentabilité.

78. Nous montrerons dans le chapitre 6 que la maîtrise de l'inflation passe aujourd'hui par une diminution de la dépendance aux chaînes globales de production (donc par la relocalisation de l'industrie quand cela est possible), par des mesures de contrôle des prix afin d'éviter les boucles prix-profits, ou encore par l'existence de mécanismes d'indexation assurant le maintien du pouvoir d'achat des revenus les plus faibles. Ces mesures doivent toutefois être articulées avec les objectifs de la bifurcation écologique.

79. Voir Sylvain Billot, « Note de conjoncture #1 », Institut La Boétie, 11 avril 2023 ; Isabella Weber et Evan Wasner, « Sellers' Inflation, Profits and Conflict : Why can Large Firms Hike Prices in an Emergency? », University of Massachusetts Amherst, *Economics Department Working Paper Series*, 2023.

Cette période, qui a débuté fin 2021, met un terme à quatre décennies de mondialisation qui ont entraîné une concurrence accrue entre travailleurs du monde entier, d'où un accroissement du chômage provoqué par la désindustrialisation des économies occidentales. Cela, pensait-on, avait conduit à régler la question de l'inflation.

Nous constatons pourtant aujourd'hui que l'inflation est provoquée par les dysfonctionnements d'une mondialisation où l'interdépendance croissante des économies est source de fragilité. La crise sanitaire a montré à quel point nous étions dépendants de décisions prises ailleurs, ou de problèmes d'approvisionnement : pénurie de masques médicaux en 2020 ; difficultés à obtenir certains médicaments courants, dont nous avons délocalisé la production ; pénurie de composants électroniques de 2020 à 2023, qui a bloqué temporairement la production automobile ; épisodes de congestion du transport maritime au long cours, etc. La gestion à flux tendus, pour atteindre le « zéro stock » et limiter les coûts, a amplifié les difficultés.

L'interdépendance mondiale, qui multiplie les transports de marchandises, et la logique de rentabilité immédiate, qui multiplie les produits de piètre qualité et rapidement obsolètes, sont aussi désastreuses sur le plan environnemental.

De ces constats, on peut déduire que la relocalisation des productions ouvre le double avantage d'être écologique et de limiter l'inflation importée. Par ailleurs, une telle politique nécessite des investissements publics importants dont l'objectif est aussi de sortir de la dépendance aux énergies fossiles, ou encore de favoriser la transition de notre agriculture vers un modèle plus sobre en intrants chimiques. Pour cela, il faut pouvoir compter sur une politique budgétaire ambitieuse, qui peut être source d'inflation. Une chose est sûre :

conserver une cible d'inflation à 2 % est incompatible avec la réalisation de la bifurcation écologique.

L'inflation peut avoir des vertus

L'inflation étant le produit de rapports sociaux, elle s'accroît dans les périodes de remise en question du compromis social en vigueur, soit parce que les travailleurs sont en position d'obtenir des hausses de salaires (spirale prix-salaires), soit parce que les entreprises sont en position de force et accroissent leurs marges (spirale prix-profits). C'est le cas lorsque les gains de productivité diminuent[80], car cela ravive la lutte entre les capitalistes et les salariés concernant la répartition des revenus issus de la production. Ainsi, l'indispensable bifurcation écologique qui peine à voir le jour pourrait ouvrir une ère de hausse des prix plus importante, notamment en raison du risque de pénurie croissant de certaines ressources et matières premières. De même, la crise du Covid-19 a révélé les fragilités d'un capitalisme très fortement globalisé et dépendant des chaînes d'approvisionnement mondiales. Lorsque celles-ci ont été rompues, cela a occasionné de nombreuses pénuries, donc des hausses de prix importantes.

Compte tenu de la forte inégalité des revenus, il est nécessaire de relever les salaires les plus faibles, quand bien même cela génère un peu plus d'inflation : c'est peu payé pour une mesure qui, en plus d'être juste, soutiendra la consommation des ménages. Ce serait aussi une juste reconnaissance pour les travailleurs de première ligne que la France entière a salués lors de la crise sanitaire. Il faut également assurer un revenu décent aux agriculteurs en relevant leurs prix de vente

80. Voir chapitre 4.

(par exemple en instituant des prix planchers). L'impact inflationniste de cette mesure devrait être atténué en régulant les marges de l'industrie agroalimentaire et de la grande distribution. Et, contrairement à ce qui est souvent avancé, il n'y a pas d'exemple dans l'histoire économique montrant que ces hausses de revenus alimenteraient une inflation que l'on ne pourrait plus contrôler. L'épisode inflationniste de 2021-2023 prouve d'ailleurs qu'il n'y a pas de spirale prix-salaires, mais bel et bien une spirale prix-profits dans certains secteurs.

L'inflation n'est donc pas un mal en soi. Elle peut être l'expression d'ajustements économiques nécessaires évitant que les tensions sociales ne s'expriment plus violemment quand les inégalités sont perçues comme insupportables. En revanche, quand une lutte excessive contre l'inflation empêche de relever les salaires pour préserver le pouvoir d'achat des salariés, alors c'est la justice et l'activité économique qui se trouvent dégradées.

À l'heure de la nécessaire bifurcation écologique, il est indispensable de modifier le regard que nous portons sur l'inflation. L'adaptation au changement climatique nous impose de modifier nos modes de production, d'échange et de consommation. Ces changements importants vont de plus en plus s'imposer à nous, notamment en raison de la raréfaction de certaines ressources, et ils conduiront à l'adoption de méthodes de production, peut-être moins « efficaces » mais plus respectueuses de l'environnement (en particulier dans l'agriculture). Ils induisent aussi une augmentation potentielle des temps de transport, que ce soit pour les trajets du quotidien si l'on privilégie les mobilités douces, ou pour les trajets plus longs si l'on promeut les déplacements en train plutôt qu'en avion. Ces changements provoqueront certainement une augmentation des coûts et donc une augmentation des prix. Mais celles-ci pourront être modulées, grâce à la fiscalité, afin de faire évoluer nos comportements de consommation dans un sens plus soutenable. La lutte contre l'inflation ne doit donc pas primer sur des enjeux beaucoup plus urgents et essentiels.

L'inflation a des vertus redistributives. Elle est favorable aux revenus du travail à condition que ceux-ci progressent plus vite que les prix. Elle pénalise les revenus financiers en réduisant la valeur réelle des placements. Elle dévalorise donc l'épargne. Elle ampute également la valeur réelle des dettes, ce qui profite aux débiteurs. En effet, les revenus nominaux ont tendance à augmenter lors des périodes d'inflation, même si ce n'est pas forcément au même rythme qu'elle. Cela permet au débiteur de rembourser plus facilement son créancier (car les contrats financiers ne comportent habituellement pas de clause d'indexation sur les prix). Pour ce dernier, en revanche, la somme qui lui est remboursée a vu sa valeur réelle diminuer. L'inflation est donc bien l'ennemie des rentiers, c'est-à-dire de ceux qui tirent l'essentiel de leurs revenus de leur patrimoine financier. Keynes, dans sa *Théorie générale*, parlait de « l'euthanasie des rentiers » pour désigner le fait que l'inflation ampute d'autant le montant de la rente puisque le capital financier initial voit sa valeur se déprécier au rythme de l'inflation. Alléger le poids réel des dettes limite également le risque de défaut de paiement des entreprises comme des ménages et contribue aussi à une plus grande stabilité de l'économie. Au final, l'inflation n'est pas toujours et forcément la catastrophe annoncée par ceux qui s'en servent comme un épouvantail.

CHAPITRE 6

Que faire ?

PROTECTION IMMÉDIATE ET STRATÉGIE À LONG TERME

Si l'inflation n'est pas systématiquement une mauvaise chose, force est de constater que l'épisode inflationniste du début des années 2020 a eu un impact très différencié. À côté des gagnants (les détenteurs du capital) et des profiteurs de crise (les grands groupes de l'énergie, du raffinage, et de l'industrie agroalimentaire), les catégories populaires sont les grandes perdantes[81].

Tout gouvernement déterminé à combattre les inégalités sociales et à agir en faveur de la bifurcation écologique devrait agir immédiatement afin de protéger ceux qui ont le plus souffert de cette situation. Cela passe par le contrôle des prix et par l'indexation des salaires sur les prix. Il faut aussi agir à plus long terme, ce qui suppose de rompre avec les politiques néolibérales dont nous avons montré qu'elles étaient une impasse économique, écologique et sociale. L'enjeu est de transformer en profondeur le mode de production et de répartition, afin de réduire les inégalités et d'initier une réelle bifurcation écologique. Il est nécessaire pour cela de se doter de nouveaux outils et de créer de nouvelles institutions.

81. Voir chapitre 2.

Le contrôle des prix : un outil indispensable pour lutter contre les superprofits

Lorsque des entreprises ont un « pouvoir de marché » important, elles en profitent logiquement pour augmenter leurs prix de manière abusive. C'est exactement ce qu'il s'est passé à partir de 2021, quand les grands groupes des secteurs de l'énergie, du raffinage, du transport maritime et, un peu plus tard, de l'industrie agroalimentaire ont profité d'un rapport de force favorable pour relever fortement leurs prix, au prétexte de hausses de leurs coûts de production. Ces fortes hausses de prix ne sont pourtant pas une fatalité. Si Bruno Le Maire, ministre de l'Économie, avait vraiment voulu combattre l'inflation au lieu de seulement « demander » aux entreprises qui ont augmenté leurs prix de manière indue de revenir à plus de raison[82], il aurait pu agir en instaurant un contrôle réglementaire des prix.

Une administration de l'encadrement et du contrôle des prix[83] a existé en France, des années 1940 jusqu'au milieu des années 1980. Entre 1950 et 1965, la Direction générale du commerce, de la concurrence et de la consommation distinguait les prix parfaitement libres (les produits agricoles sauf

82. Voir, par exemple, Guillaume Gaven, « Inflation : dans un courrier adressé aux industriels et aux supermarchés, Bruno Le Maire hausse le ton face aux acteurs de l'alimentation », France Info, 7 avril 2023. https://www.francetvinfo.fr/economie/inflation/inflation-dans-un-courrier-adresse-aux-industriels-et-aux-supermarches-bruno-le-maire-hausse-le-ton-face-aux-acteurs-de-l-alimentation_5757935.html.

83. Michel-Pierre Chélini, « Du contrôle des prix à la concurrence : la politique des prix en France des années 1940 aux années 1980 », *in* Patrick Fridenson, François Monnier et Albert Rigaudière, *Concurrences et marchés, Droit et institutions du Moyen Âge à nos jours*, Comité pour l'Histoire économique et financière de la France, CHEFF, 2023, p. 237-264.

le blé, la betterave et quelques services et produits industriels à destination des ménages) de ceux placés en liberté contrôlée (leur hausse devait être justifiée par une augmentation des coûts de production) et de ceux qui étaient taxés ou réglementés (pain, viande, charbon, etc.). C'est à partir de la seconde moitié des années 1960 que va s'imposer l'idée selon laquelle les prix doivent pouvoir être fixés librement. Le mouvement de libéralisation des prix qui s'engage sera renforcé avec la construction européenne.

L'économiste américain John Kenneth Galbraith fut l'un des grands théoriciens du contrôle des prix. Son analyse distingue les marchés concurrentiels des marchés monopolistiques ou oligopolistiques (caractérisés par l'absence ou le faible niveau de concurrence entre les producteurs). Influencé par la macroéconomie keynésienne, Galbraith observe que les politiques d'austérité ne provoquent pas de baisse de prix dans les secteurs oligopolistiques où les firmes réduisent les quantités produites plutôt que les prix ; en revanche, les entreprises qui opèrent dans des secteurs concurrentiels baissent leurs prix de vente pour stimuler une demande qui stagne ou diminue, et celles qui ne peuvent supporter ces baisses de prix font faillite. Paradoxalement, si l'inflation observée diminue, ces politiques renforcent le pouvoir de marché des grandes entreprises et donc leur capacité à augmenter leurs prix. À partir de ces observations, Galbraith recommande l'instauration d'un contrôle des prix dans les secteurs monopolistiques et peu concurrentiels.

De nos jours, c'est une économiste allemande, Isabella Weber, qui s'est fait remarquer pour avoir pris position en faveur d'un contrôle des prix dès décembre 2021[84]. Selon

84. Isabella Weber, « Could Strategic Price Controls Help Fight Inflation? », *The Guardian*, 29 décembre 2021, https://www.theguardian.com/business/commentisfree/2021/dec/29/inflation-price-controls-time-we-use-it.

elle, un gouvernement peut contenir l'inflation et éviter le recours aux politiques récessives en ciblant le contrôle de certains prix stratégiques. Ce contrôle des prix doit s'appliquer dans les secteurs qui font face à des pénuries temporaires, c'est-à-dire à des situations où la demande qui s'adresse aux entreprises est supérieure à leurs capacités de production du moment. Il doit aussi s'appliquer dans les secteurs qui réalisent des surprofits en augmentant de manière indue leurs taux de marge.

En France, quelques mesures de blocage ou de contrôle des prix ont été adoptées entre 2021 et 2023 : le bouclier tarifaire sur les prix de l'énergie, la limitation à + 3,5 % de la hausse des loyers ou encore la « remise carburant ». Elles ont été progressivement levées, ce qui limite en retour la désinflation. Si ces mesures ont pu être utiles pour limiter l'inflation, il conviendrait de les intégrer dans une stratégie globale de transformation structurelle de l'économie afin de répondre aux défis macroéconomiques liés à la bifurcation de nos économies. En effet, en raison de la crise climatique et de la bifurcation elle-même, les tensions sur l'offre risquent de devenir la norme, ce qui devrait avoir un impact sur le niveau des prix.

L'indexation des salaires : un filet de sécurité pour défendre la rémunération du travail

Les effets sur la répartition des revenus du choc inflationniste récent ne sont pas comparables à ceux de la stagflation des années 1970. En effet, tandis que l'inflation des années 1970 avait entraîné une forte réduction de la part des profits dans la valeur ajoutée (de l'ordre de 5 points), on ne voit rien de tel aujourd'hui malgré la chute de la productivité du travail. C'est au contraire la part des salaires réels qui a baissé[85].

Cette baisse des salaires réels résulte du faible pouvoir de négociation des travailleurs, incapables d'obtenir des augmentations de salaire compensant la hausse des prix. Cette incapacité trouve sa source dans l'augmentation structurelle du chômage et la dérégulation du marché du travail qui, depuis les années 1980, ont entraîné une concurrence accrue entre les travailleurs et fragilisé leur position face aux chefs d'entreprise. L'indexation des salaires permettrait donc de rééquilibrer le rapport de force au bénéfice des salariés.

L'indexation des salaires, contrairement à ce qui est souvent avancé, ne risque pas forcément d'accélérer l'inflation. La Belgique, qui la pratique, a certes vu son IPCH croître de 10,3 % en 2022 tandis que l'inflation était de 8,4 % en moyenne dans la zone euro. Mais l'inflation belge n'était plus que de 2,3 % en 2023 contre 5,4 % en moyenne dans la zone euro. L'indexation des salaires ne déclenche donc pas de manière mécanique une boucle prix-salaires. Elle est en revanche un outil utile qui permet de soutenir les salaires réels. C'est un levier que l'on ne devrait pas hésiter à actionner lorsque le pouvoir de négociation des travailleurs est particulièrement affaibli. Observons toutefois que, en cas de hausse des prix, les salaires indexés ne sont pas réévalués en continu, mais uniquement périodiquement. Malgré la présence de mécanismes d'indexation, le pouvoir d'achat des salariés demeure, au moins temporairement, affecté par l'inflation.

En France, l'indexation des salaires a été progressivement mise en place à partir de 1952. Elle a été abandonnée en 1983, suite au « tournant de la rigueur » engagé par le gouvernement Mauroy, qui adoptait une stratégie de « désinflation

85. Voir chapitre 2.

compétitive » en vue de restaurer la compétitivité de l'économie française. Aujourd'hui, seul le Smic est indexé sur l'inflation : chaque 1er janvier, il est réévalué en fonction de la hausse du niveau des prix mesurée pour les 20 % des ménages ayant les revenus les plus faibles. Il peut également être réévalué en cours d'année chaque fois que l'indice des prix à la consommation augmente d'au moins 2 % par rapport à la dernière réévaluation. De ce fait, le Smic a été revalorisé deux fois en 2021, trois fois en 2022 et encore deux fois en 2023, ce qui n'a pas empêché une baisse de pouvoir d'achat du Smic de près de 2 % entre janvier 2021 et décembre 2023[86]. Comme les salaires situés au-dessus du Smic ne bénéficient pas des mêmes mécanismes de revalorisation, on assiste à une forme de « smicardisation » des bas salaires. Fin 2023, 17,3 % des salariés français étaient rémunérés au Smic, contre 12 % en 2021 et 14,5 % en 2022[87]. Réintroduire des mécanismes d'indexation des salaires éviterait ce phénomène de « smicardisation[88] ».

Penser le régime de la bifurcation

Au-delà des mesures d'urgence que sont le contrôle des prix et l'indexation des salaires, il est impératif d'engager des réformes structurelles en faveur de la bifurcation écologique.

86. Voir chapitre 2.

87. « Salaire minimum interprofessionnel de croissance », Rapport du groupe d'experts, 28 novembre 2023, https://www.tresor.economie.gouv.fr/Articles/284b121f-b187-4280-b327-05f18064c3fa/files/dd527e16-c2ab-441b-8fd0-e02eca058761.

88. On peut s'interroger sur la légitimité de l'indexation des plus hauts salaires. Toutefois, face à la difficulté de déterminer le seuil « juste », au-delà duquel les salaires ne seraient plus indexés, une fiscalité sur les revenus véritablement progressive permettrait de corriger *a posteriori* des inégalités de salaires trop importantes.

Cela passe par une politique d'investissements publics ambitieuse visant à relocaliser la production, chaque fois que cela est possible et nécessaire. Il s'agit aussi d'adopter une politique énergétique tournée vers la sobriété et moins dépendante des importations, de promouvoir les transports collectifs et de limiter le recours à la voiture individuelle, ou encore de mettre en place une véritable politique de rénovation urbaine et d'isolation du bâti.

Ces réformes ne pourront voir le jour qu'en s'affranchissant du carcan néolibéral qui, depuis les années 1980, nous a conduits dans l'impasse. Il est en effet totalement illusoire d'attendre du système responsable de nos maux qu'il puisse y remédier. La liste de ses méfaits est longue : libéralisation financière qui a accru l'instabilité économique et engendré de nombreuses crises ; politique monétaire en faveur des détenteurs de capitaux ; politiques de « modération » salariale affaiblissant le pouvoir de négociation des travailleurs et accentuant les inégalités ; promotion d'un libre-échange écologiquement destructeur et renforçant le pouvoir de marché des firmes multinationales, etc.

Le cadre macroéconomique doit être radicalement modifié. Pour cela, il convient de (re)mettre la politique monétaire au service d'une politique budgétaire ambitieuse. Opérer la bifurcation écologique de nos économies requiert de nombreux investissements publics, en particulier dans les infrastructures ou dans la production énergétique décarbonée. Le rapport Pisani-Ferry — Mahfouz de mai 2023[89] estimait entre 25 et 34 milliards d'euros par an la hausse nécessaire des dépenses publiques en France, d'ici à 2030, pour réaliser la transition

89. Jean Pisani-Ferry et Selma Mahfouz, « Les incidences économiques de l'action pour le climat », Rapport à la Première ministre, mai 2023, https://www.strategie.gouv.fr/sites/strategie.gouv.fr/files/atoms/files/2023-incidences-economiques-rapport-pisani-5juin.pdf.

climatique. Le gouvernement a choisi de l'ignorer et préfère œuvrer à la baisse des dépenses publiques. De tels investissements, qui devraient s'articuler à des investissements privés d'un montant équivalent, impliquent que la Banque centrale ne se contente pas de lutter contre l'inflation, mais intègre un objectif de plein-emploi et assure la soutenabilité de la dette publique par le financement des déficits à coût maîtrisé pour l'État. Cela supposerait bien évidemment une réforme de la BCE qui permette de sortir de la dépendance aux marchés financiers en finançant directement les déficits publics, ce qui n'est malheureusement pas à l'ordre du jour. Dans le cadre des règles européennes actuelles, la Banque centrale peut déjà conditionner le refinancement qu'elle accorde aux banques commerciales afin de décourager la détention d'actifs liés aux activités les plus nocives pour le climat. Le développement d'un pôle public bancaire et de crédits administrés au service du financement de la bifurcation écologique se révèle indispensable, car la plupart des investissements nécessaires ne sont pas économiquement « rentables » à court terme, donc peu attractifs pour des financeurs privés. Il permettrait d'assurer un financement à bas coût qui contribuerait à maintenir une inflation modérée.

Nous ne pourrons faire bifurquer nos économies sans le soutien des populations. Pour que les changements à opérer soient socialement acceptés, il faudra que les efforts à consentir soient équitablement répartis. À cette fin, il convient de mieux protéger les plus vulnérables et de réduire les inégalités. Cela implique une consolidation du droit du travail, une assurance-chômage plus protectrice et une réduction du temps de travail.

Par ailleurs, la transformation du modèle de production suppose de restaurer la capacité des États à faire appliquer des normes sociales et environnementales sur la production, et donc de s'opposer à l'internationalisation croissante des échanges et aux accords de libre-échange qui se multiplient. L'ouverture aux échanges internationaux doit être maîtrisée et les importations doivent seulement concerner les marchandises qui ne sont pas produites sur le territoire national et qui respectent les normes édictées, et exclure celles qui font directement concurrence à la production nationale.

Transformer nos modes de production nécessite aussi de réformer les régimes de propriété et de gestion des entreprises. L'État peut, par exemple, prendre le contrôle d'entreprises qui sont des monopoles de fait, comme le prévoit le préambule de 1946 intégré dans la Constitution de la Ve République : « Tout bien, toute entreprise, dont l'exploitation a ou acquiert les caractères d'un service public national ou d'un monopole de fait, doit devenir la propriété de la collectivité. » Il doit aussi promouvoir de nouvelles formes d'entreprises (au moyen de subventions ou par des mesures fiscales), dont l'objectif n'est pas la maximisation du taux de profit. En Allemagne, au Danemark, en Suède ou encore au Royaume-Uni, on a pu constater que des coopératives de production d'électricité gérées par des communautés ou collectivités locales conduisaient les populations à mieux accepter l'implantation d'éoliennes[90]. Par ailleurs, en instituant une gestion plus démocratique des entreprises, on peut redonner la priorité aux investissements productifs plutôt qu'à la distribution de dividendes aux actionnaires. À cette fin, il faut confier aux salariés des droits plus importants pour faire contrepoids au pouvoir des actionnaires[91].

90. Robert Pollin, « Advancing a Viable Global Climate Stabilization Project : Degrowth Versus the Green New Deal », *Review of Radical Political Economics*, vol. 51, 2019, p. 311-319.

91. Patrice Grevet, « Codétermination, bicaméralisme et démocratie en entreprise au regard des classes sociales à l'époque du défi écologique », *Les*

Vers une ère d'inflation plus élevée ?

Le changement climatique produit déjà des effets inflationnistes, en particulier dans l'agriculture où les phénomènes météorologiques extrêmes, le manque d'eau ou encore l'érosion des sols pèsent sur les rendements et les quantités produites. Plus généralement, le changement climatique questionne la possibilité de maintenir le même niveau d'activité économique en de nombreux endroits. On pense notamment aux activités de tourisme et de loisirs en montagne, mais aussi à celles concentrées dans des grandes villes de plus en plus sujettes aux canicules et à la constitution d'îlots de chaleur. Les ressources naturelles s'épuisent et rendent la logique extractiviste toujours plus insoutenable. Tout cela conduit à redouter que le ralentissement de la productivité ne s'accentue.

La réduction des gains de productivité, ou même la baisse absolue de la productivité, peut aussi être un choix délibéré dicté par le changement nécessaire de nos modes de production et de consommation. Se passer de certains intrants chimiques dans l'agriculture ou réorganiser les conditions de travail pour permettre aux salariés leur maîtrise des processus de production peut engendrer une baisse des rendements. Quelle qu'en soit la cause, le ralentissement de la productivité est facteur d'inflation. Il est donc probable que nous entrions dans une période où l'inflation sera durablement plus élevée. Cette tendance pourrait être accentuée par l'intensification des conflits sociaux, en raison d'un contexte économique moins porteur. Le prix à payer pour ne pas contrarier

Possibles, février 2024. https://france.attac.org/nos-publications/les-possibles/numero-38-hiver-2024/dossier-1-sur-les-classes-sociales/article/codetermination-bicameralisme-et-democratie-en-entreprise-au-regard-des-classes.

les changements et investissements indispensables à la bifurcation écologique est assurément de tolérer une inflation plus élevée. Les objectifs et la conduite des politiques économiques doivent donc être revus en conséquence.

Étendre le champ de la Sécurité sociale pour satisfaire les besoins fondamentaux

Le risque d'une inflation plus élevée ne doit pas empêcher la population de satisfaire l'ensemble de ses besoins fondamentaux (santé, éducation, logement, alimentation, etc.). Pour cela, il faut changer le mode de production. Or, aucune des politiques pratiquées de nos jours ne remet en question la façon dont les richesses sont produites. Une petite minorité possède les moyens de production, décide de ce qui est produit, de l'organisation du travail, du niveau et du contenu de l'investissement. La démocratie s'arrête largement aux portes des entreprises, et la satisfaction des besoins est subordonnée à la logique de maximisation du taux de profit. Des solutions concrètes existent pourtant pour satisfaire les besoins essentiels de l'ensemble de la population et atteindre des objectifs écologiques ambitieux en développant des modalités de production alternatives au capitalisme. L'une de ces modalités est illustrée par la mise en place du régime général de la Sécurité sociale en 1946 qui a permis de sortir (dans une large mesure) le système de santé de la logique du profit afin de mieux soigner la population. Demain, de multiples extensions de la Sécurité sociale pourraient voir le jour pour mieux satisfaire les autres besoins fondamentaux de nos sociétés : se nourrir, se loger, s'informer, se cultiver, etc.

La conjugaison de la flambée des prix alimentaires et de la faiblesse des revenus d'une grande partie des agriculteurs montre les limites du fonctionnement actuel de la filière alimentaire. Une partie importante de la population ne peut plus se nourrir correctement[92] alors que les grands groupes de l'industrie agroalimentaire et de la grande distribution engrangent des profits exorbitants sur le dos des agriculteurs et des consommateurs. C'est pourquoi la proposition de mise en place d'une « Sécurité sociale de l'alimentation » (SSA) est d'un grand intérêt[93]. Elle permettrait de confier aux citoyens et à ceux qui travaillent dans cette filière le pouvoir de décider des choix stratégiques et d'organisation de la filière. L'alimentation est un secteur tout indiqué pour mener cette transformation sociale qui met la démocratie au cœur du processus de production. Une telle extension de la Sécurité sociale reposerait sur plusieurs piliers.

D'une part, ces nouvelles caisses de Sécurité sociale verseraient à l'ensemble de la population une allocation mensuelle qui ne pourrait être dépensée qu'auprès d'entreprises « agréées » par ces caisses et répondant à un cahier des charges précis. Chaque citoyen disposerait d'une « carte vitale alimentation », créditée d'un montant suffisant pour lui permettre d'accéder à une alimentation « conventionnée » et de qualité.

D'autre part, ces caisses verseraient des salaires à tous les producteurs de la filière alimentaire, ainsi que des subventions pour financer l'investissement des entreprises agréées. Les caisses seraient propriétaires des communs (terres, bâtiments agricoles, usines de transformations, cantines, etc.) et

92. Selon une étude du Credoc, 16 % de la population se déclare en situation de « précarité alimentaire », c'est-à-dire n'avoir pas toujours assez à manger. Voir Credoc, « La débrouille des personnes qui ne mangent pas toujours à leur faim », septembre 2023. https://www.credoc.fr/publications/la-debrouille-des-personnes-qui-ne-mangent-pas-toujours-a-leur-faim.

93. Portée par différents acteurs de la société civile depuis 2017, cette proposition fait l'objet d'une vingtaine d'expérimentations, en particulier à Toulouse, Clermont-Ferrand, Montpellier, Strasbourg, ou encore en Gironde.

les entreprises agréées auraient l'usufruit de ces communs. La souplesse de ce système permettrait à un collectif de travailleurs de solliciter un agrément et des financements aux caisses de Sécurité sociale afin de s'engager dans la production alimentaire. Alors qu'aujourd'hui le seul moyen de se lancer dans une activité est d'emprunter à des banques ou à des « investisseurs », donc de les rétribuer sous forme d'intérêts et de dividendes, de simples citoyens pourraient participer aux activités de la filière sans apport préalable ou recours à l'endettement.

D'où viendraient les ressources de ces nouvelles caisses ? Les cotisations « alimentation » prélevées sur l'ensemble des entreprises du secteur capitaliste constitueraient une part importante du budget de la SSA, notamment lors de la montée en puissance des nouvelles unités de production[94]. Par ailleurs, la mise en commun d'une grande partie de la valeur ajoutée générée par les entreprises conventionnées constituerait une partie du budget de la SSA appelée à progresser à mesure que la filière se développe. Les caisses de Sécurité sociale réguleraient le niveau des prix des différents acteurs de la filière, en fonction des besoins nécessaires au financement des allocations aux citoyens, des salaires et des investissements de la filière. Les entreprises de la filière conventionnée seraient viables : elles bénéficieraient d'un marché dédié, sorti de la logique capitaliste, et protégé de la concurrence internationale, puisque l'allocation mensuelle dont bénéficierait l'ensemble de la population ne pourrait être dépensée

94. Les cotisations alimentation seraient perçues sur l'ensemble des entreprises (comme c'est le cas pour les cotisations existantes). Il y aurait donc un financement « externe » et un financement endogène des unités de la filière SSA (dont le prix de vente financerait le versement aux caisses de SSA). La part du financement externe serait importante au début, mais déclinerait au fur et à mesure de la montée en puissance de la SSA et de sa capacité à s'autofinancer.

qu'auprès des entreprises agréées. Ces entreprises pourraient prendre des formes variées : entreprises individuelles (pour une partie des exploitants agricoles attachés à leur autonomie) comme coopératives. Mais chacune d'elles serait insérée dans ce nouveau système de socialisation du salaire et de l'investissement : l'essentiel du montant de leurs ventes serait reversé aux caisses de SSA (sous forme de cotisations), qui ensuite les redistribueraient sous forme de salaires et de subventions d'investissement. Une partie du montant des ventes pourrait demeurer dans les unités de production pour stimuler et récompenser l'effort productif.

Des expériences existent déjà aujourd'hui, qui visent à déconnecter le revenu des producteurs des aléas du marché ou de la reconnaissance d'un employeur, mais leur portée est limitée car, en l'absence d'institutions macroéconomiques pouvant les généraliser, elles demeurent localisées. Certes, des Associations pour le maintien de l'agriculture paysanne (AMAP) assurent un salaire mensuel aux paysans indépendamment des récoltes. Des communes créent des régies publiques maraîchères pour l'approvisionnement de leurs cantines scolaires, et embauchent des maraîchers comme des fonctionnaires territoriaux. Mais l'objectif de cette SSA serait d'offrir un salaire rémunérateur à l'ensemble des acteurs de la filière, tout en permettant l'accès de toute la population aux biens alimentaires de qualité et en promouvant une agriculture plus respectueuse de l'environnement. Il s'agirait aussi de donner le pouvoir de décision aux salariés du secteur et aux citoyens, qui désigneraient leurs représentants dans les caisses de SSA. De nouvelles institutions démocratiques se substitueraient ainsi au pouvoir de quelques acteurs dominants pour décider des grands choix de développement de la filière.

Le même type de transformation du mode de production pourrait s'appliquer dans d'autres secteurs d'activité. La création d'une Sécurité sociale du logement et d'une « cotisation logement » permettrait de financer la construction ou la réhabilitation massive de bâtiments afin d'offrir de nouveaux logements (qui seraient la propriété des caisses de la Sécu du logement), afin d'en finir avec le mal-logement et de limiter le coût des loyers pour ceux qui auraient la propriété d'usage de ces logements. La création d'une « cotisation culture » permettrait de garantir le salaire des artistes et de faire bénéficier l'ensemble de la population de spectacles culturels gratuitement ou à des prix très faibles. La mise en place d'une « cotisation information » permettrait de poser la question du choix des médias à subventionner par les nouvelles caisses. Elle mettrait fin à la mainmise des milliardaires sur les médias.

La mise en place de Sécurités sociales sectorielles conduirait les entreprises capitalistes à cotiser pour financer la constitution de nouvelles unités productives, ce qui pèserait sur leur rentabilité. Il y aurait donc une contradiction entre l'extension du champ de la Sécurité sociale et les intérêts des entreprises capitalistes, dont l'issue dépendrait des mobilisations pour faire prévaloir les unités du nouveau mode de production postcapitaliste en formation. Au final, chacune de ces Sécurités sociales sectorielles permettrait une réduction des inégalités, limiterait les impacts négatifs sur l'environnement, tout en ayant un meilleur contrôle sur l'évolution des prix. Elles ouvriraient l'horizon d'un nouveau mode de production permettant l'avènement d'une véritable démocratie économique et sociale, donnant à chacun la possibilité de donner du sens et de s'épanouir dans son travail.

En résumé…

La période contemporaine est marquée par un enchevêtrement de crises (climatique, sanitaire, inflationniste, géopolitique) qui révèle combien nos systèmes économiques sont instables, inadaptés, et finalement insoutenables. Nous avons montré en quoi l'inflation récente est révélatrice de la crise de nos systèmes de production et de consommation, comme de nos modes de régulation. Les réponses apportées à la crise inflationniste ont été parfaitement inadaptées : basées sur des mesures de politique économique restrictives, elles étendent les inégalités et empêchent la bifurcation écologique.

Les politiques de hausse des taux d'intérêt menées par les banques centrales manifestent un aveuglement idéologique et mettent en œuvre une logique de classe brutale. Comme le dogme explique que l'inflation ne peut être causée que par un excès de demande et des salaires trop élevés, les banques centrales freinent l'activité économique pour vaincre l'inflation. Envisager un retour rapide à une inflation à 2 % – la cible retenue par la BCE – n'a cependant aucun sens dans la période actuelle. Outre que cela favorise une récession économique dont pâtissent fortement les couches de la population les moins favorisées, aucune réalité historique ne permet d'affirmer qu'une inflation basse s'accompagnera de meilleures performances économiques[95]. On ne peut donc pas soutenir qu'une faible inflation est un indicateur de bonne santé économique. Au contraire, on peut tout à fait cumuler inflation basse et chômage important, comme au cours des dernières décennies.

Au lieu de combattre aveuglément l'inflation par une politique monétaire restrictive, il convient de réfléchir à la hiérarchie des objectifs de la politique économique et aux moyens à mobiliser pour les atteindre. L'inflation n'est pas un problème en soi dès lors que les revenus des ménages progressent *a minima* au même rythme que les prix. Elle devient problématique si les revenus nominaux perçus n'évoluent pas ou évoluent moins vite que l'inflation et entraînent une baisse du pouvoir d'achat ou du niveau de vie. Dans un contexte d'affaiblissement important du pouvoir de négociation des travailleurs, l'inflation détériore tout particulièrement le pouvoir d'achat des ménages ayant des revenus modestes, issus du travail ou de prestations sociales. L'indexation des salaires sur les prix constitue alors une mesure défensive minimale et indispensable.

Plus fondamentalement, ce qui est en jeu ici, c'est bien la répartition des revenus de l'économie entre la rémunération du capital et celle du travail. Dans un contexte où la productivité du travail baisse, la simple stabilisation du salaire réel exige que la répartition de la valeur ajoutée se déforme en faveur du travail. Lutter contre l'inflation en empêchant toute progression des salaires ne sert donc qu'à valider la perte de revenu réel des travailleurs. Derrière un discours de façade faisant la promotion de la « valeur travail », la rigueur monétaire traduit en définitive sa volonté de protéger les revenus du capital au détriment de ceux du travail[96].

95. Michael Bruno et William Easterly, « Inflation Crises and Long-Run Growth », *Journal of Monetary Economics*, vol. 41(1), 1998, p. 3-26.

96. Benjamin Lemoine, « Qui est protégé contre l'inflation ? », *Le Monde diplomatique*, décembre 2022.

Face à une crise comme celle que nous vivons, les mécanismes d'ajustement par les prix se révèlent inopérants. Comme l'a fait valoir avec force l'économiste Isabella Weber, pour empêcher l'inflation de s'emballer sans faire s'effondrer l'économie dans de telles circonstances, le contrôle stratégique des prix est un outil adéquat, qui a fait preuve de son efficacité à plusieurs reprises dans l'histoire[97]. C'est d'autant plus nécessaire lorsque les producteurs des secteurs faisant face à des goulets d'étranglement profitent de la situation pour augmenter leurs marges. Les bénéfices extraordinaires réalisés par les sociétés d'énergie et de transport maritime sur fond de pénurie illustrent cet effet pervers de la liberté des prix. La conséquence d'un tel comportement est qu'il perturbe l'ensemble de l'économie. Non seulement les pénuries réelles font mal, mais les autres secteurs subissent également une détérioration de leur bilan en raison de factures croissantes. Ils répercutent cette hausse des coûts sur le reste de l'économie, ce qui comprime le revenu réel des consommateurs et alimente finalement la stagnation.

Nous avons alors le choix entre tolérer l'explosion continue des profits qui fait grimper les prix, ou mettre en œuvre des contrôles de prix soigneusement sélectionnés. Nous devons systématiquement envisager le contrôle stratégique des prix comme une réponse politique plus large aux énormes défis macroéconomiques liés à la bifurcation de nos économies (afin d'atténuer les effets du changement climatique), au lieu de prétendre qu'il n'y a pas d'autre alternative que l'attentisme ou l'austérité.

En raison de la crise climatique, les tensions sur l'offre risquent de devenir la norme, ce qui aura immanquablement

97. Voir en particulier l'« Emergency Price Control Act » de 1942, par lequel l'administration Roosevelt a bloqué les prix des produits de première nécessité pour accompagner l'effort de guerre.

un impact sur le niveau des prix[98]. Dès lors, il est fort probable que nous entrions dans une période où l'inflation sera durablement plus élevée, raison pour laquelle des mesures comme le blocage de certains prix sont indispensables, comme l'est la planification écologique pour résoudre les problèmes structurels et réduire la dépendance aux énergies fossiles. Si la situation à court terme nécessite d'éviter une explosion de la pauvreté, cette lutte ne doit pas nous détourner des objectifs fondamentaux de bifurcation de notre système de production et de consommation vers un modèle plus sobre énergétiquement et qui préserve notre écosystème. Le besoin d'un vaste plan d'investissement public est plus urgent que jamais. Cela suppose d'en finir avec le mandat unique de la BCE : quel sens y a-t-il à agir uniquement contre l'inflation alors que de nombreux besoins sociaux (santé, éducation, etc.) sont de moins en moins bien satisfaits, que l'emploi ne doit pas être la variable d'ajustement et qu'il convient de donner la priorité à la transition écologique ? En définitive, la politique de hausse des taux d'intérêt doit être vue pour ce qu'elle est : une politique de classe au service du capital et de la protection de l'épargne des plus aisés.

L'alternative existe pourtant. Elle consiste à mettre les politiques monétaire et budgétaire au service d'investissements publics massifs indispensables à la satisfaction des besoins fondamentaux de la population comme à la réalisation de la bifurcation écologique. Cela suppose de rompre avec la logique dominante, centrée sur la recherche du profit immédiat quelles qu'en soient les conséquences sociales et écologiques. Une politique macroéconomique tolérant un niveau

98. Jean Pisani-Ferry et Selma Mahfouz, « L'action climatique : un enjeu macroéconomique », *La Note d'analyse*, France stratégie, novembre 2022, n° 114. https://www.strategie.gouv.fr/sites/strategie.gouv.fr/files/atoms/files/fs-na114-action-climatique-pisani-mahfouz8novembre2022-20h.pdf.

d'inflation contrôlé, mais supérieur aux normes actuelles, aurait deux effets bénéfiques : l'érosion progressive de la suraccumulation des rentes financières (« euthanasier les rentiers », disait Keynes), et l'allègement continu du coût réel de la dette publique[99]. Comme nous l'avons exposé, cette stratégie devrait être combinée avec une politique des salaires et des prix garantissant le pouvoir d'achat des ménages.

Dans les périodes de fortes turbulences, on ne peut pas compter sur le libre fonctionnement du marché pour stabiliser le pouvoir d'achat et maintenir une répartition équitable. C'est donc à la politique macroéconomique et sociale d'exercer cette fonction qui sera à l'avenir d'autant plus vitale que, dans un monde soumis au changement climatique, l'inflation risque d'être durablement plus élevée. Pour maintenir le pouvoir d'achat des travailleurs et garantir le financement de la bifurcation écologique, il faudra que salaires et investissements prioritaires relèvent davantage d'une gestion démocratique et sociale, plutôt qu'uniquement de mécanismes marchands. Parmi les moyens de cette socialisation, nous avons exploré l'extension des mécanismes de la Sécurité sociale à l'alimentation, au logement et à la culture[100].

Ainsi, de ses sources profondes à sa maîtrise en passant par ses effets sur le partage du revenu national, il apparaît bien que l'inflation est avant tout une affaire politique.

99. Les Économistes atterrés (Éric Berr, Léo Charles, Arthur Jatteau, Jonathan Marie et Alban Pellegris), *La Dette publique. Précis d'économie citoyenne*, Paris, Seuil, « Points économie », 2024, 2e édition.

100. L'extension des mécanismes de la Sécurité sociale pourrait aussi être envisagée pour d'autres secteurs.

Table

RÉALISATION : NORD COMPO À VILLENEUVE-D'ASCQ
IMPRESSION : CPI FRANCE
DÉPÔT LÉGAL : SEPTEMBRE 2024. N° 156356 (2079652)
IMPRIMÉ EN FRANCE